aber.Glaube

Was hilft, wenn sonst nichts hilft

Manfred Becker-Huberti

aber.Glaube

Was hilft,
wenn sonst nichts hilft

J.P. Bachem Verlag

Bibliografische Information der Deutschen Nationalbibliothek
Die Deutsche Nationalbibliothek verzeichnet diese Publikation in der Deutschen Nationalbibliografie; detaillierte bibliografische Daten sind im Internet über http://dnb.d-nb.de abrufbar.

1. Auflage 2015

Lektorat: Tobias Rothenbücher, Bonn
Innenlayout: Cindy Kinze, Köln
Einbandgestaltung: Petra Drumm, Köln
Illustrationen: Claudia Zähle, Berlin
Druck: optimal media GmbH, Röbel/Müritz
Printed in Germany

ISBN 978-3-7616-2933-8 Buchausgabe
ISBN 978-3-7616-3002-0 EPUB
ISBN 978-3-7616-3003-7 PDF
ISBN 978-3-7616-3004-4 mobi

Auch als eBook erhältlich

Aktuelle Programminformationen
finden Sie unter www.bachem.de/verlag

Inhalt

Vorwort

Sind Sie ein aufgeklärter Mensch – vorurteilsfrei, rational und keinesfalls abergläubisch? Glauben Sie? Glauben Sie das wirklich?

Dieses Buch wird Ihnen zeigen, was an Ihrer Annahme falsch ist. Es wird Ihnen zeigen, dass wir alle geprägt sind von abergläubischen Vorstellungen, ob wir uns dessen bewusst sind oder nicht. Vielleicht sprechen Sie keine Zauberformeln mehr aus, verhexen auch nicht mehr Ihre Feinde und selbstverständlich beschwören Sie nicht den Teufel oder andere böse Geister. Das alles mag richtig sein.

Aber ist da nicht noch so manches andere? Sagen Sie nie „toi, toi, toi", klopfen Sie nicht dreimal auf Holz? Verschenken Sie zu Silvester keinen Glücksklee? Haben Sie zu Hause kein Hufeisen hängen? Und die Sternsinger Anfang Januar, dürfen die ihren Segensspruch nicht von außen an Ihre Tür schreiben? Was bedeutet für Sie die Zahl 13? Beziehen Sie ein Hotelzimmer mit dieser Nummer? Welches Gefühl haben Sie an einem Freitag dem 13.? Prüfen Sie gerade an diesem Tag Ihr Horoskop? Gehen Sie unter einer Leiter durch? Wenn Sie morgens aufstehen, treten Sie mit dem linken oder dem rechten Fuß in den neuen Tag?

Das ist nur eine winzige Auswahl aus zahllosen Verhaltensweisen, die sich bis in die Gegenwart erhalten haben. Wir alle – auch wenn wir uns nicht für abergläubisch halten – haben in unseren Gebräuchen und Ritualen Formen des

Aberglaubens erhalten. Das macht uns noch nicht zu Irren oder Gestrigen. Aber vielleicht ist es ganz nützlich, sich selbst ein wenig besser kennenzulernen – und zu wissen, was man warum eigentlich tut oder nicht tut.

Ohne zu viel vorweg zu nehmen und das Lesen dieses Buches überflüssig zu machen: Auch Aberglaube ist ein Glaube, vielleicht der falsche und außerdem der Glaube eines Anderen. Die Schreibweise als „aber.Glaube" nimmt Aberglaube mit Respekt auf: Es mag nicht mein Glaube sein, er mag auch aus meinem Blickwinkel falsch sein. Ich mag dies sogar begründen können. Aber so wie ich das Recht habe, meinen Glauben zu leben, solange ich dadurch niemandem schade, solange hat es jeder andere auch. Gotthold Ephraim Lessing (1729–1781), deutscher Schriftsteller, Kritiker und Philosoph der Aufklärung, hat in diesem Sinn formuliert: „Der Aberglauben schlimmster ist, den seinen für den erträglicheren zu halten." Abgemildert könnte man auch sagen: Der schlimmste Aberglauben ist, sich frei von Aberglauben zu wähnen.

Dieses Buch bietet sich Ihnen als Pfadfinder auf einem unübersichtlichen Gelände an. Lernen Sie kennen, was Sie geprägt hat, immer noch prägt und wovon Sie nichts oder nur wenig wissen. Lassen Sie sich zu einer Entdeckungsreise in sich selbst einladen. Und, wer weiß, vielleicht wird die Meinung des österreichischen Spötters Johann Nepomuk Nestroy (1801–1862) dann zu Ihrer eigenen Meinung:

I lass mir mein Aberglaub'n
durch ka Aufklärung raub'n,
's is jetzt schön überhaupt,
wenn man an etwas no glaubt.

Manfred Becker-Huberti

Vorweg: Aberglaube – was ist das?

Magisches, Übersinnliches, Unheimliches, Hexen, Dämonen, Amulette, Fetische, Glücksbringer oder Bannsprüche scheinen in unserer technisierten Gesellschaft, die auf Logik und naturwissenschaftlichen Gesetzen aufgebaut ist, fehl am Platz zu sein – Relikte einer lang vergangenen Zeit, uncool und gestrig. Wer das wirklich glaubt, mag sich zur Widerlegung nur einmal die Seiten im Internet anschauen, auf denen „Hexen" gegenwärtig ihre Magie gegen Honorar online anbieten. Ein winziges Segment eines unglaublich größeren Magie-Angebots.

Vielleicht haben Sie aber auch noch jenes Bild der Steuerkonsole im ukrainischen Kernkraftwerk Saporischschja vor Augen. Neben zahllosen Skalen, Geräten und Apparaturen, auf denen der Betriebszustand der maroden Anlage ablesbar war, hing eine Ikone der Gottesmutter mit dem Jesuskind. Was war das? Ein irritierender vorwissenschaftlicher Schutzzauber? Ein Zeugnis für die Existenz einer Dimension, die nicht beherrschbar ist? Ein Hinweis auf eine alte Religion, die längst durch eine neue mit dem Namen „Technik" abgelöst ist?

Dämonen stecken im Holz. Damit sie nicht gegen uns arbeiten, wenn wir jemandem Glück wünschen, verhindert man durch Klopfen, dass sie die Glückwünsche hören können.

Vieles kann unter dem Begriff „Aberglaube“ abgelegt werden, von Gespenstergeschichten bis zu Joanne Rowlings „Harry Potter“. Aberglaube – dieser Begriff ist keine objektive Definition, sondern die Verächtlichmachung und Herabwürdigung des Glaubens eines anderen, mit der Absicht, den eigenen Glauben zu verteidigen: das ist Apologetik. Aberglaube kann eine Konfession, eine Religion oder eine eigene magische Welt neben dem Glauben sein, dem sich ein religiöser Mensch zugehörig fühlt. Was alles als „Aberglaube“ bezeichnet wird, ist kaum zu umschreiben. Der Gegenstand und seine Bedeutung wandeln sich seit dem Aufkommen dieses Wortes im 16. Jahrhundert: Das lateinische *superstitio* (aus dem Adjektiv *super-stes*, Gen. *super-stitis* = darüber, oberhalb stehend; im übertragenen Sinne: überlegen = Überglauben) wurde mit „Aberglaube“ übersetzt, aber auch mit „Missglaube“ und „Unglaube“.

Vieles kann unter dem Begriff „Aberglaube“ abgelegt werden, von Gespenstergeschichten bis zu Joanne Rowlings „Harry Potter“.

Seit dem 16. Jahrhundert wird „Aberglaube“ als apologetischer „Kampfbegriff“ eingesetzt. „Aberglaube“ bezeichnet bzw. diffamiert die Auffassung und das Verhalten „der Anderen“, die sich nicht an die Überzeugungen des Urteilenden halten, der wiederum seine eigene Überzeugung, seinen Glauben, als den – einzig – richtigen ansieht. Nach seiner Überzeugung ist das Andere der Anderen falsch.

Doch Aberglaube ist eben nicht nur der falsche Glaube der Anderen. Aberglaube, Magie und Zauberei sind Erscheinungen der Vormoderne, die das Prinzip der Vernunft noch nicht kennen. Dagegen gelten Okkultismus, Esoterik und außerkirchliche Spiritualität als neue Weltsichten, die sich als Gegenbewegungen zu modernen Weltbildern erst ausgebildet haben. In sie fließen auch ältere Traditionen ein. Während das Denken in Vernunftkategorien seit der Aufklärung als die einzig legitime Form humaner Intellektualität gilt, sieht man in der Neigung zum Okkultismus „ein Symptom der Rückbildung des Bewusstseins". Ja, der Okkultismus wird eingeordnet als „die Metaphysik der dummen Kerle" (Theodor W. Adorno), wobei es den Damen sicher gefällt, wenn sie in diesem Zusammenhang nicht als gleichberechtigt erwähnt werden.

Die Breite dessen, was als Aberglaube bezeichnet wird, reicht vom versehentlich verstreuten Salz über Glücksklee, Horoskop und Kaffeesatz als Mittel der Zukunftsschau bis zu – wissenschaftlich nicht fundierten – alternativen Heilmethoden.

Für den Volkskundler Dieter Harmening ist der Aberglaube „nicht [ein] ahistorisch-fossiles Relikt, sondern ein in vielen Teilen inhaltlich fassbarer Rest historischer und zeitgenössischer Glaubens- und Wissenssysteme". Und diese funktionieren nicht nach den Kausalitäten der Naturwissenschaft, sondern nach den Regeln der Symbolik, Analogie, Sympathie und Antipathie. Derartige Praktiken reichen bis in den modernen Alltag, meist ohne von den jeweiligen Anwendern als Aberglaube erkannt zu werden: Das Daumendrücken, dreimaliges Klopfen auf Holz, ein Hufeisen oder der gefundene Glücks-Cent bieten dafür ebenso Belege wie das Verhalten eines listigen Marketingstrategen, der das von ihm zu vermarktende Schloss bewirbt, indem er das fortan wabernde Gerücht streut, in diesem Schloss treibe ein unheimliches Gespenst sein Unwesen. Aus einer Immobilie wie jede andere wird ein Objekt, das Raum und Zeit überschreitet.

Aberglaube nutzt Übersinnliches, um Unmögliches unfehlbar herbeizuführen. So wie der indianische Medizinmann oder Zauberer den Regen herbeizwingt, wenn er den Regentanz richtig tanzt, so können die Methoden des Aberglaubens Glück oder Unglück, Heilung oder Tod, Liebe oder

Hass bewirken. Zahllose Mittel stehen dafür bereit: Gebet und Heilstein, Kreuz und Vogelkralle, Pflanze oder Fraisenhäubchen ... Und es gilt: Während moderne Wissenschaft Ursachen mit Wirkungen verknüpft und rational erklärt, präsentiert der Aberglaube eine irrationale Weltsicht, die keinen Zufall kennt. Wenn das richtige Mittel vom Richtigen richtig angewandt wird, stellt sich zwangsläufig und todsicher der Erfolg ein.

Die heute gängige Bezeichnung des geschilderten Phänomens als „Aberglaube“ dreht die Umetikettierung, die nach der Aufklärung zunächst erfolgt war, wieder zurück. Die Aufklärer sprachen von „Volksglaube“, um die Abwertung eines anderen Glaubens zu vermeiden. Dass aber mit „Volksglaube“ aller und jeder Glaube grundsätzlich desavouiert wird, scheinen die Propagandisten in Kauf genommen zu haben. Wohl aber nicht die übrigen Menschen, die weiter von „Aberglauben“ sprechen, solange es keinen treffenderen Begriff gibt. „Volksglaube“ ist es mit Sicherheit nicht.

Was aber ist Sinn und Zweck des Aberglaubens? Der Aberglaube öffnet den Bannkreis des Normalen, des Rationalen, des Kalkulierbaren. Das Transzendente – also das mit unseren weltlichen Sinnen nicht Erfahrbare, Außerweltliche – steht unserer alltäglichen Erfahrungswelt, der Immanenz, nicht länger gegenüber. Transzendenz fließt vielmehr in unseren Alltag ein oder wird vermeintlich sogar ausgehebelt. Und wer es richtig macht, der kann die überirdischen Kräfte beherrschen und zwingen, ihm zu Willen zu sein. Auf einem unteren Niveau kann man wenigstens dem Bösen, dem Unglück und den Geistern ausweichen, Unheil unschädlich machen. Indem ein Abergläubischer das tut,

Der Aberglaube öffnet den Bannkreis des Normalen, des Rationalen, des Kalkulierbaren.

befreit er sich von den Zwängen des Alltags, der Normalität, der Rationalität. Das gilt sicher für jeden, der seinen Aberglauben bewusst anwendet; in einem gewissen Umfang gilt es aber auch für die, die ihr Handeln gar nicht als Aberglauben erkennen, sondern denen abergläubische Rituale längst in Fleisch und Blut übergegangen sind. Mag der eine oder andere noch stocken, ehe er sich Salz über die Schulter wirft, nachdem er unter einer Leiter durchgegangen ist, um so sein Unglück zu bannen. Ohne jeden Argwohn aber stoßen wir mit unseren Gläsern zu einem fröhlich-feuchten Prosit an. So gut wie keiner weiß noch, dass das Gläserklirren die bösen Geister abschrecken soll. Wir führen den Talisman in der Hosentasche oder im Auto mit, haben flüchtig das tägliche Horoskop gelesen und sind morgens mit dem rechten Fuß zuerst aus dem Bett gestiegen.

Aberglaube räumt auf irrationale Weise das aus, was unserem Glück, unserem Genuss, unserem Lebenssinn rational betrachtet entgegensteht.

Aberglaube räumt auf irrationale Weise das aus, was unserem Glück, unserem Genuss, unserem Lebenssinn rational betrachtet entgegensteht. Im Diesseits verleiht der Aberglaube Lebensenergie, für das Jenseits bietet er Erlösung an. Aberglaube bannt das Böse und die Bösen, bewirkt Harmonie, verleiht Gewalt über geheime und unsichtbare Kräfte.

Typisch für den Aberglauben ist die Anwendung der *magia naturalis* und der *magia daemonica*, die sich in der Wirklichkeit oft überlappen. Die *magia naturalis* liest im „Buch der Natur". Die Natur, die ganze sichtbare Welt, so glaubt man, „gleicht einem Buche, geschrieben vom Finger des Herrn; sie ist geschaffen durch göttliche Kraft, und alle Geschöpfe sind Figuren, [...] hingestellt durch göttlichen Willen zur Offenbarung und gleichsam als sichtbares Merkmal der unsichtbaren Weisheit Gottes“ (Hugo von Sankt Victor, † 1141). „Zwei Bücher sind uns von Gott gegeben, das Buch der Gesamtheit der Kreaturen oder der Natur und das Buch der Heiligen Schrift“ glaubte auch Raimund von Sabunde († 1436). Die *magia daemonica* dagegen geht davon aus, was auch die Bibel lehrt, dass die Welt von guten und bösen Geistern bevölkert wird. Wenn Magie daran geht, die Dämonen in die Pflicht zu nehmen oder zu vertreiben, ersetzt sie die kirchlichen Handlungsweisen oder greift sogar noch darüber hinaus.

Religion und Aberglaube bilden oft Teilmengen, zeitlich und/oder regional. Am Beispiel: Leider sind in Deutschland auch die meisten Wetterglocken im Zweiten Weltkrieg eingeschmolzen worden. Wetterglocken wurden bei einem heranziehenden Unwetter geläutet – aber nicht, um das Unwetter anzukündigen, sondern mit der Absicht, es zu vertreiben. Auf den Glocken stand: *Vivos voco. Mortuos plango. Fulgura frango.* (= Die Lebenden rufe ich. Die Toten beklage ich. Die Blitze breche ich.) Geläutet wurden diese Glocken mit apotropäischer Absicht, also um die Wetterdämonen abzuwehren. Dahinter stand die Vorstellung, dass man Gleiches mit Gleichem bekämpfen kann: Wenn die Glocke gegossen wird, ist sie so heiß wie der Blitz; wenn die Glocke angeschlagen wird, tönt sie so laut wie der Donner.

Und manches, was heute in der Religion als Aberglaube abgewiesen wird, war einmal fester Bestandteil dieser Religion. Erinnert sei an Esszettel, Schluckbildchen und Reibmadonnen.

Bis zum heutigen Tag sind im mitteleuropäischen Raum Legenden erhalten, die von der Wirksamkeit dieser Wetterglocken berichten. Noch heute, wenn die Sternsinger den Segensspruch von außen (!) mit weißer Kreide an die Tür schreiben, wenden sie die Formel an, die über Jahrhunderte zur Abschreckung der Wetterdämonen benutzt wurde. Aberglaube bildet eine Schnittmenge mit der Religion. Und manches, was heute in der Religion als Aberglaube abgewiesen wird, war einmal fester Bestandteil dieser Religion. Erinnert sei an Esszettel, Schluckbildchen und Reibmadonnen ...

Diejenigen, die in einer oft hilflosen Welt Hilfe für ihre Probleme im Diesseits und im Jenseits suchen, teilen sich – zumindest in der Theorie – in zwei Gruppen. Ein Teil der Menschen unterwirft sich Gott nicht, sondern dreht den Spieß um: Nicht sie dienen Gott, sondern er oder sein „Personal" hat ihnen zu dienen. Sie meinen, durch die Einhaltung bestimmter Rituale, durch das Aussprechen bestimmter Formeln, durch das Anwenden bestimmter Praktiken, das Verwenden bestimmter Pflanzen, Steine oder Symbole, Gott in den Dienst nehmen zu können. Hier wird Gott durch Magie zum Knecht, der Mensch zum Herrn. Das „Sein wollen wie Gott", das die Schöpfungserzählung als Versuchung schildert, wird sehr real. Es gilt dann das alte, vorchristliche Prinzip *Do ut des* – Ich gebe, damit du gibst.

Das Problem des Aberglaubens ist: Er definiert sich nicht selbst, hat keine Glaubenssätze, keine Zulassungskriterien und keinen Vorstand oder offizielle Mitglieder. Aberglaube wird immer von anderen definiert, von jenen, die nicht abergläubisch sind oder es zumindest meinen. Quantitativ und qualitativ ist Aberglaube nicht eindeutig zu beschreiben.

Dass Aberglaube nur in historischen Formen auftritt, widerlegen moderne Phänomene, die zeigen, wie sich auch Religion und Esoterik miteinander verbinden können. Jürgen Fliege, evangelischer Pfarrer im Un-Ruhestand, Ex-Talkshowmoderator und esoterikanfälliges Enfant terrible der Rheinischen Landeskirche, ein selbsternannter „Menschenflüsterer", handelte sich ein Disziplinarverfahren seiner Kirche ein, als er 2011 mehrere Monate lang eine sogenannte „Fliege-Essenz“ bewarb und vertrieb, der er nach eigener Aussage durch Handauflegung und Beten heilende Kräfte verliehen hatte. Wie das möglich ist? Jürgen Fliege erklärte laut SPIEGEL, das mache das „Hohelied der Liebe“, 1 Korinther 13: „Wenn ich mit Menschen- und mit Engelszungen redete, und hätte der Liebe nicht, so wäre ich ein tönend Erz oder eine klingende Schelle.“ Diese Worte – gemeinsam mit dem Vaterunser und dem Handauflegen – bewirkten die Transsubstantiation eines Gebräus der Firma „Dr. Niedermaier Pharma“ zur „Fliege-Essenz“, erhältlich zum stolzen Preis von 39,90 Euro für 99 Milliliter Flüssigkeit. Dreimal täglich einzunehmen, wozu dreimal täglich der Satz gehörte: „Ich liebe, ich glaube, ich will zuversichtlich sein.“

Fliege, in den neunziger Jahren „das personifizierte Mitgefühl am [Fernseh-] Nachmittag“ (SPIEGEL), hatte schon durch seine Werbung für ein Gerät mit Namen „Aquapol“, das angeblich mit Hilfe „gravimetrischer“ Energie feuchte Gebäude trockenlegen konnte und von einem mit der Sekte Scientology verbandelten Hersteller produziert wurde, Schlagzeilen gemacht. Fliege selbst verteidigt sich mit dem Hinweis, die von ihm beworbenen Methoden und Produkte stünden in der Tradition christlicher Heilmethoden und seien deshalb legitim. Flieges kostenpflichtige Wohlfühlspiritualität verbindet jedoch zwei Größen, die nicht miteinander zu verbinden sind: Spiritualität und Esoterik.

Wissenschaftlich handfeste Untersuchungen über den Aberglauben in unserer Gesellschaft und unserem Kulturkreis gibt es kaum. Auch Umfragen zum Aberglauben in Deutschland sind eher selten. Die letzte Untersuchung des Instituts Allensbach gab es im April 2005, davor nur eine Langzeitstudie im Jahr 1973. Unser Fortschrittsglaube, die

Annahme, dass alles sich immer mehr dem Optimum z. B. an Erkenntnis nähern würde, bekommt einen Dämpfer, wenn wir lesen: Im Jahr 2005 glaubten 42 Prozent, dass in einem vierblättrigen Kleeblatt ein positives Vorzeichen zu erkennen sei, 1973 hatten dies nur 26 Prozent der Befragten angenommen. 40 Prozent hielten 2005 eine Sternschnuppe für bedeutungsvoll (1973: 22 Prozent), auf die Zahl 13 achteten 28 Prozent (1973: 17 Prozent).

Dieses Buch beschreibt das diffuse Phänomen Aberglaube an Beispielen, die bis in die Gegenwart reichen, und besonders jenen Teil, in dem sich Aberglaube und Religion überlappen. Dieses Buch verfolgt keine apologetischen Ziele, beschreibt aber fragend, welchen Stellenwert die Magie – bewusst und vor allem unbewusst – in unserer Gesellschaft einnimmt. Welche Position die geneigte Leserin und der geneigte Leser dem Phänomen Aberglauben gegenüber einnehmen wollen, müssen sie selber entscheiden. Das Selbst-entscheiden-müssen ist der Preis unserer Freiheit!

Das Selbst-entscheiden-müssen ist der Preis unserer Freiheit!

Verzauberter Alltag

Glückspullis und Unglückabwehrer

Maskottchen, Fetische, Amulette und Talismane

Maskottchen, die Glück bringen sollen, gibt es in Hülle und Fülle. Maskottchen sind eine Sonderform des Talismans und unverwechselbare Erkennungszeichen ihres Auftraggebers. Kaum ein Sportverein kommt ohne aus – allemal keine größere Sportveranstaltung. Zur Fußball-Europameisterschaft 2016 wurde ein Maskottchen mit dem Namen „Super Victor" kreiert: ein braunhaariger Junge im blauen Trikot mit der Nummer 16 auf Brust und Rücken. Auf der Rückseite seines roten Capes, das er wie der Comic-Superman trägt, glänzt das offizielle Logo der Europameisterschaft in den französischen Farben Blau, Weiß und Rot. Ein des Latein kundiger Klugscheißer bemerkt, dass *victor* Sieger bedeutet, und wenn der dazu noch wie Superman daher kommt, ist er natürlich unschlagbar!

Aber auch andere nutzen Maskottchen. Das Walross „Antje" hat erfolgreich für den Norddeutschen Rundfunk gearbeitet, der Fern-See(h)Hund „Onkel Otto" für den Hessischen Rundfunk. Die Mainzelmännchen sind noch beim Zweiten Deutschen Fernsehen unter Vertrag. Ein Elch, früher Schwarzwald-Elch, arbeitet für den Südwestrundfunk

Der Rosenkranz am Rückspiegel eines Autos hat eine Schutzfunktion.

und verfügt – zumindest digital und im Internet – über ein eigenes „Elchmuseum".

Selbst die alte DDR konnte sich dem Trend nicht entziehen und hatte 1964 für die Leipziger Messe das Messemännchen kreiert, das 30 Jahre für diese Messe warb. Sein Erfinder war kein Geringerer als der DDR-Kunstpreisträger Gerhard Behrendt, der auch das Sandmännchen erfunden hat. Das Messe-Maskottchen stellte einen Geschäftsmann im blauen Anzug dar, hatte einen gelben Globus als Kopf, eine Pfeife und ein elegantes Hütchen mit den Buchstaben MM (das stand für Muster-Messe).

Das Wort ***Amulett*** *ist abgeleitet von dem lateinischen Begriff* amuletum, *der wahrscheinlich wiederum in Verbindung steht mit dem Verb* amoliri *= abwenden. Ein Amulett ist ein magisch-zauberisches Schutzmittel, ein Apotropaion (griech.* apotrépo *= abwenden, abhalten), ein Mittel zur Abwehr von Schadenszauber, und unterscheidet sich dadurch von einem* ***Talisman*** *(griech.* télesma *= bestätigtes Abbild, zu* télos *= Ende, Zweck, Ziel; vermittelt über das arabische* ṭilasm *= Zauberbild und entlehnt aus dem italienischen* talismano*), der als Glücksbringer verstanden wird. Ein Fetisch (port.* feitiço *= Machwerk, Zauber; frz.* fétiche *von lat.* factitius *= künstlich gemacht) ist ein verehrter Gegenstand, dem angeblich Kraft (Mana, Macht) innewohnt, oder der von einem Geist besetzt ist. Dieser Fetisch kann Menschen- oder Tiergestalt annehmen und durch besondere Substanzen (Steine, Zähne, Haare ...) magisch aufgeladen werden. Er wird im Schutz- und Abwehrzauber verwendet.* ***Maskottchen*** *oder* ***Maskotte*** *(frz.* mascotte, *bzw. provenzalisch* mascòta, masca *= Hexe) bezeichnet einen Glücksbringer, meist in Form eines Tieres, eines vermenschlichten Tieres oder eines stilisierten, comicartigen Phantasiewesens. Das dem Amulett ähnliche Maskottchen steht für eine Marke, ein Produkt, eine Firma, eine Veranstaltung usw.*

Eine Studie über die Verwendung von religiösen Amuletten und Talismanen im Auto, durchgeführt vom Zentrum für kirchliche Sozialforschung (ZEKIS) der Katholischen Hochschule Freiburg hat aufschlussreiche Ergebnisse erbracht. Knapp die Hälfte aller PKW (46 %) trägt solche Vergegenständlichungen – in der Philosophie spricht man von „Objektivationen" – die etwas über die Insassen mitteilen. Die meisten Objektivationen sind Stofftiere. Bei 15 Prozent der PKW, in denen sich jemand durch solche Objektivationen mitteilt, ist diese Kommunikation religiöser Art. Immerhin jeder zehnte PKW kommuniziert – so oder auf andere Art – religiös. Religiöse Objektivationen finden sich in etwa 8 Prozent aller Autos. Geordnet nach Häufigkeit sind das: Engel, Rosenkränze, Kreuze, religiöse Ketten, asiatische Symbole, Traumfänger, Ichthys- (also Fisch-) Symbole, Fatimaaugen, Texte, Christophorusplaketten, Heiligenbilder und Buddhafiguren.

Religiöse Objektivationen finden sich in etwa 8 Prozent aller Autos. Geordnet nach Häufigkeit sind das: Engel, Rosenkränze, Kreuze, religiöse Ketten, asiatische Symbole, Traumfänger …

Die Autoren der Studie schlussfolgern: „Religiöse Symbole am und im Auto haben für ihre Nutzer unterschiedliche Funktionen. Die wenigsten religiösen Symbole am und im Auto haben für ihre Nutzer eine Ausweis- und Bekenntnisfunktion". Letzteres konzentriere sich „auf die Ichthys, die aktiv angebracht werden und nicht (passiv) übernommen wurden". Die Ausweis- und Bekenntnisfunktion „kann aber auch für Rosenkränze und Buddhafiguren gelten". Rosenkränzen, Heiligenbildern, Osterkerzen und indischen Götterdarstellungen sprechen die Autoren eine „Erinnerungsfunktion" zu, eine Affektkontrollfunktion den Madonnen- und Christophorus-Bildern: Der Blick auf diese Objekte soll dazu auffordern, vorsichtiger zu fahren. Buddha- und Engeldarstellungen haben eine Schmuckfunktion, Armbänder und Kreuze hingegen eine Kompensationsfunktion, d. h. sie sollen Defizite im Verhalten des Fahrers ausgleichen. Die meisten religiösen Symbole in und am Auto haben jedoch ganz offenbar eine Kontingenzbewältigungs- oder Schutzfunktion: Sie sind ein Hilfs- und Schutzmittel zur Bewältigung der Ungewissheit menschlichen Lebens. Die religiösen Symbole in Kraftfahrzeugen werden also überwiegend als Amulett und Talisman genutzt.

Besonders anfällig für viele Formen des Aberglaubens sind Sportler, deren Wohl und Wehe von ihren sportlichen Erfolgen abhängt, die wiederum nicht nur durch die eigene Leistung erzielt werden, sondern auch Zufällen, dem Schicksal unterliegen. Eben deshalb finden sich hier zahlreiche Methoden, mit denen man glaubt, dieses Schicksal beeinflussen zu können. Das kann man, so nimmt man an, zum einen durch das eigene Verhalten.

Miro Klose, der deutsche Nationalfußballer, zieht immer den rechten Schuh zuerst an und betritt den Fußballrasen immer zuerst mit dem rechten Fuß.

Miro Klose, der deutsche Nationalfußballer, zieht immer den rechten Schuh zuerst an und betritt den Fußballrasen immer zuerst mit dem rechten Fuß. Das ist mit Sicherheit angenehmer als die Methode des argentinischen Torwarts Sergio Goycochea, der vor Strafstößen auf sein Tor auf den Rasen zu urinieren pflegte. Eine andere „urinöse“ Methode erlaubt sich Mario Gomez. Auf Toiletten nutzt er stets das Urinal links außen, weil alles andere nur Unglück bringt. Unglück befürchtet er auch durch das Mitsingen der Nationalhymne, was er sich deshalb glücksfördernd verkneift. Seine Begründung: Während eines Jugendspiels hatte er einmal ausnahmsweise nicht mitgesungen und dann prompt ein Tor geschossen.

Der Trainer der deutschen Fußballnationalmannschaft der Männer, Joachim „Jogi" Löw, hat seinen Pullover zum „Glückspullover" ernannt. Löw hatte ihn bei den vier Siegen im Rahmen der Fußballweltmeisterschaft in Südafrika 2010 gegen Australien, Ghana, England und Argentinien getragen. Das gute Stück wurde noch auf eine ganz andere Art zu einem wirklichen Glücksbringer: Eine Warenhauskette hat ihn für eine Million Euro zugunsten der Hilfsaktion „Ein Herz für Kinder" 2011 ersteigert. Inzwischen hat Jogis Glückspulli „Junge" bekommen. Die Weltmeisterschaft 2014, bei der Trainer Löw einen Pulli-Nachfolger trug, und das überaus erfolgreiche Abschneiden der Deutschen scheint zu bestätigen, dass dieser Pulli hilft – was schließlich Tausende von Fans bewog, eben dieses Pullovermodell zum eigenen Gebrauch zu erwerben. Herr Löw scheint ein besonders Faible für Talismane zu haben. Im Mai 2012 hat er im Rahmen einer Hindu-Zeremonie allen 23 Spielern der Fußball-Nationalmannschaft ein Shamballa-Armband überreicht. Shamballa heißt übersetzt „Licht der Liebe". Das dem tibetischen Buddhismus nahe Perlen-Armband aus Hämatitkugeln soll positive Energie freisetzen und die Gemeinschaft stärken.

Der englische Nationalspieler John Terry, hat einmal fast das gesamte Camp Nou in Barcelona umgegraben, um seine glücksbringenden Schienbeinschoner wiederzufinden.

Giovanni „Trap" Trapattoni, der deutsche Sätze konstruierte, die zu stehenden Redewendungen geworden sind („schwach wie eine Flasche leer" und „Ich habe fertig"), war zweimal Trainer von Bayern München und einmal vom VfB Stuttgart: Er setzte eher auf „Geheiligtes": Als Trainer der

„Squadra Azzurra" verspritzte er gesegnetes Wasser aus einer Flasche, die er von seiner Schwester, eine Nonne, erhalten hatte.

Der englische Nationalspieler John Terry, hat einmal fast das gesamte Camp Nou in Barcelona umgegraben, um seine glücksbringenden Schienbeinschoner wiederzufinden. Es ist nicht bekannt, ob ihn die Ausbeute der Suchaktion, fünfzig Schienbeinschoner, glücklich gemacht hat. Er ist nach wie vor ein öffentlicher Bekenner seines Aberglaubens: Im Bus sitzt er immer auf dem gleichen Platz, umwickelt seine Socken immer dreimal mit Klebeband und seine geliebten Schienbeinschoner schneidet er sich vor jedem Spiel immer selber zurecht.

Steigern kann das alles noch der Rumäne Adrian Mutu, der für Juventus Turin spielt. Er trägt stets seine Unterwäsche auf links, denn, so ist er überzeugt, auf diese Weise können ihm Flüche nicht schaden. Eine „Glücks-Buxe" besitzt auch der Moderator Florian Silbereisen. Die rote Unterhose, die er bei seiner ersten Show 2004 getragen hat, bereichert seitdem immer sein Gepäck. Zwar zieht er sie nur für das Fernsehen an, aber ohne dieses Textilstück tritt er nicht vor die Kamera.

Während die Übergänge von Amulett zu Talisman und Maskottchen fließend sein können und das eine Objekt Merkmale des anderen umfassen kann, ist **„Fetisch"** ein Überbegriff, dem man Talisman und Amulett unterordnen kann: Einen Talisman kann man als einen mit einer bestimmten vorbestimmten Wirkung versehenen Fetisch bezeichnen, dessen Wirkung eintritt, egal in wessen Besitz er sich befindet. Beispiele hierfür sind Aladins Wunderlampe und diverse Ringe, die in Märchen, Sagen und Erzählungen vorkommen. Das Amulett hingegen ist ein Fetisch, der Unheil fernhält. Diese Wirkung ergibt sich bereits aus dem verwendeten Wort (siehe S. 20). In beiden Fällen wird dem Fetisch eine Wirkungsrichtung gegeben.

Der Fetischist glaubt beim Fetisch an die übernatürlichen Eigenschaften eines unbelebten Objekts, das von ihm selbst ausgewählt und gefertigt wurde und von ihm verehrt wird. Während gemäß westlichem Denken nur Götter und Lebewesen eine über das Physisch-Physikalische hinausgehende Wirkungsmacht besitzen, geht der Fetischismus davon aus, dass im Fetisch Schutzgeister wirken oder der Fetisch belebt ist (Animismus). Ein Fetisch kann Sitz von Geistern, Dämonen, der Magie sein und Versinnbildlichung der Heiligen und des Heiligen. In einem Fetisch ist das vermutete Numinose (das unfassbar Göttliche) vergegenständlicht.

Heute wird niemand mehr die Nachgeburt in einem Topf unter das Wochenbett stellen, damit das Kind tugendsam und wissend wird. Aber früher glaubte man zudem, dass eine Nabelschnur, in ein Buch gelegt, dem Kind das Lernen leicht mache. Vielleicht weiß auch das mancher nicht mehr, der die Nabelschnur trotzdem aufbewahrt, z. B. in einem Album mit den Bildern des Kindes.

Was Sportgrößen praktizieren, kann für Schüler nicht schlecht sein. Wer als Lehrer eine Klassenarbeit schreiben lässt, kann sich dabei wie auf einem Basar vorkommen. Auf den Tischen der Schüler finden sich nicht nur Papier und Schreibstifte, sondern bei vielen liegen dort außerdem kleine Teddybären oder Püppchen, unterschiedliche Metallgegenstände in Münzform, Handschuhe, Mützchen, Stöckchen und Steinchen und noch vieles mehr. Jeder Lehrer ist gut beraten, dabei nicht zu gutgläubig zu sein. Und Elektronik, die eine illegale „Beratung" von außen zulässt, ist nicht wirklich ein Glücksbringer – zumindest nicht für den Schüler, der sich dabei erwischen lässt.

Ein Fetisch kann Sitz von Geistern, Dämonen, der Magie sein und Versinnbildlichung der Heiligen und des Heiligen.

Das **Amulett** ist – im Gegensatz zum Talisman – ein kleinerer krafterfüllter Gegenstand, der dort wirkt, wo er sich befindet. Es kann vierfachem Zweck dienen: Erstens soll es apotropäisch wirken (d. h. zur Abwehr böser Geister und negativer Einflüsse). Zweitens soll es Macht über andere ausüben. Dabei wird es zum Analogiezauber genutzt: Es wird also unterstellt, dass zwischen äußerlich ähnlichen (analogen) Dingen eine Verbindung besteht, sodass sie sich gegenseitig beeinflussen. Drittens soll das Amulett die Kraft des Eigentümers stärken und sich mit ihr vereinigen (quasi eine sakramentale Wirkung entfalten), und viertens soll es einen Blick in die Zukunft gestatten (mantische Wirkung). Ein **Talisman** soll dagegen Glück bringen.

Ein Charivari darf man nicht kaufen, sondern es wird von Generation zu Generation vererbt.

Amulette lassen sich aus vorgeschichtlicher Zeit bei Natur- und Kulturvölkern bis in die Gegenwart verfolgen. Das Christentum hat in seinem Verbreitungsgebiet überall den Gebrauch von Amuletten vorgefunden. Hier hat es angeknüpft und konnte dies umso leichter, als Christen vergleichbare Vorstellungen nicht fremd waren. Die Katholische Kirche hat die magische Nutzung zwar stets bekämpft, die einzelnen Katholiken aber haben in ihrem Alltag den Unterschied zwischen den „Heilsmitteln“ und ihrem magischen Einsatz als „Amulette“ wenig beachtet.

Der Ursprung des Glaubens an Amulette liegt vermutlich in Erfolgserlebnissen, die mit einem bestimmten Gegenstand in Verbindung gebracht wurden: eine bestimmte Medaille, die offenbar hilfreich war, ein bestimmtes Kleidungsstück, das man bei der erfolgreichen Jagd getragen hat, ein bestimmter Anhänger, den man beim Kontakt mit einer Freundin um den Hals hängen hatte ...

Die meisten Amulette trugen und tragen Erwachsene an einer Kette oder Kordel um den Hals, einige sicher auch in der Brief-, Hosen- oder Jackentasche. Aber es gibt auch eine ganz spezielle Trageform vor dem Bauch. Wahrscheinlich hervorgegangen aus einer Uhrenkette, die am Knopfloch der Weste befestigt war, entstand das **Charivari** (von lat. *caribaria* = Durcheinander, Verrücktheit), traditionell von Männern am Hosenlatz der Trachtenlederhose getragen. Die versilberte oder echtsilberne Kette von etwa 33 cm Länge ist heute ein Muss für jedes Mitglied in einem bayerischen Trachtenverein, vor allem im Bereich der Ostalpen. Ein Charivari darf man nicht kaufen, sondern es wird von Generation zu Generation vererbt. Die Kette mit ihren Amuletten ist zugleich ein Statussymbol, das erkennen lässt, welchen Rang der Träger in dörflichen Biotop einnimmt. Es soll alte Charivaris geben, die mit über 10.000 Euro zu Buche schlagen.

Die **Fraisenkette** (auch: Fraiskette), die man früher Kindern um den Hals hing, bestand aus einem Seidenband oder einer roten Schnur, darauf aufgereiht war meist eine ungerade Zahl von Amuletten. Die Bezeichnung „Fraisen“ ist ein altes Wort für Krampfanfälle und Epilepsie, in etlichen Fällen bedingt durch den Verzehr von mit dem Mutterkornpilz befallenem Getreide. Medaillen und Münzen, Kreuze und Schutzzettel, Breverl oder Fraisenbriefe hingen an Fraisenketten neben Neidfeigen und Tierpfoten. Die Fraisenbriefe kombinierten oft die vier wichtigsten Segensformeln: Benediktussegen, Agathensegen, Zachariassegen und Dreikönigssegen.

Andere Ketten sind die **Châtelaine** (von frz. *[chaîne] châtelaine* = Burgfrauen- oder Burgherrenkette), die **Berlockenkette** (von frz. *breloques* = Anhängsel), das **Bettelarmband** (engl. *charm bracelet* = Zauberarmband) mit seinen *jou-jous* = Spielzeug oder *charms* = Zaubersachen genannten Anhängern, und der ***good luck charm***. Er ist mindestens seit

1962 bekannt, dem Jahr, in dem Elvis Presley seinen Song „Good Luck Charm" veröffentlichte.

***Heilsmittel oder Gnadenmittel** sind jene Mittel, durch die ein Mensch geistliche Stärkung erhalten und den Gnadenstand erlangen und bewahren kann. Dazu zählen primär der Empfang der Sakramente, das Gebet und gute Werke, aber auch Sakramentalien wie Wallfahrt, Kontemplation, Betrachtung. Ziel ist der Erwerb von Heil, religiöser Erkenntnis, Erlösung, Gnade, Sündennachlass und -freiheit ...*
*Während **Sakramente** „ex opere operato", also aus sich selbst heraus wirken, entfalten **Sakramentalien** ihre Wirkung „ex opere operantis"; ihre Heilswirkung wird erst durch die kirchliche Fürbitte, die sittliche Grundhaltung und die Frömmigkeit des Bittstellers freigesetzt.*

Für Amulette genutzt wurden ursprünglich tierische und menschliche Körperteile (Knochen, Nägel, Haare, Zähne, Nabelschnur ...) und deren Nachbildungen (Phallus, Vulva, Zunge, Auge ...), Pflanzen, Steine, Münzen, Geschriebenes, Gedrucktes, Zaubersprüche und symbolische Zeichen. Es gibt auch sogenannte Kompositions-Amulette, die aus verschiedenen Einzelteilen bestehen.

Amulette sollen ihre Träger klug, stark, beliebt, reich, unbesiegbar machen: Der Schamane trägt das Amulett um den Hals, der moderne Schüler legt es bei der Klassenarbeit auf das Pult. Im Übrigen kann man auch Tiere mit Amuletten versehen oder Amulette an Häusern, Ställen oder Türen anbringen.

Die Wirkkraft im Amulett entsteht entweder durch das Material, aus dem es besteht, oder durch magische Zeichen, Worte und Bilder, die es trägt. Sie ist ihm vom Zauberer oder vom Priester durch eine magische Handlung oder Weihe verliehen worden, oder sie ist durch Berühren mit geweihten Gegenständen (Heiligenbilder, Reliquien) in das Amulett übergegangen. In vielen Fällen war es verboten, Amulette zu zerlegen oder zu zerstören. Ein **Breverl** (Breve, Breferl), ein geschriebener oder gedruckter Zettel mit Gebeten, wurde einst in ein Heiltumstäschlein, Kissen oder Etui eingefügt und konnte nur unter Verlust seiner Wirksamkeit geöffnet werden.

Mantischen Zwecken (mantisch = Adjektiv zu: Mantik = meist in Ekstase ausgeübte Seherkunst) dienen **Indikations-Amulette**, die durch Veränderung etwas anzeigen. Steine scheinen hier besonders geeignet zu sein. Folgende werden zur Zukunftsschau benutzt: Der Mondstein gibt durch Träume Auskunft, ob man eine Reise unternehmen soll oder nicht. Der Edeltopas macht sehend und hellsehend. Der blaue Saphir meldet bevorstehende wichtige Ereignisse. Der Hämatit warnt vor Verwundungen und macht auf Gefahren aufmerksam. Der Heliotrop vermittelt Kenntnis der Zukunft. Die Koralle zeigt durch Erblassen Krankheit des Trägers an.

Amulette sollen ihre Träger klug, stark, beliebt, reich, unbesiegbar machen: Der Schamane trägt das Amulett um den Hals, der moderne Schüler legt es bei der Klassenarbeit auf das Pult.

Nachfolgend wird aus dem nahezu unüberschaubaren Feld der Amulette ein Blick auf einige geworfen, bei denen eine besondere religiöse Konnotation besteht.

Beliebtestes Schmuckstück war und ist das **Kreuz**, meist in klassischer Form als Lateinisches Kreuz am Hals oder am Rosenkranz getragen. Der Rosenkranz ist die häufigste symbolische Gabe, die Toten um die Hände gewunden oder mit in den Sarg gegeben wird. In dieser Funktion ist das Kreuz beides: die letzte „Rettungsleine“ und zugleich ein Amulett mit Schutzfunktion. Das Kreuz verbindet oben und unten, Himmel und Erde, Transzendenz und Immanenz. Es symbolisiert Geist und Materie, Seele und Leib.

Das **Caravaca-Kreuz**, auch Spanisches Kreuz, besteht aus drei Balken, einem Längs- und zwei Querbalken, wobei der oberste Querbalken etwas verkürzt ist. Alle Balken enden mit einer Verdickung. Es stammt aus dem spanischen Wallfahrtsort Caravaca. Dort wurde ein solches Kreuz der Legende nach von Priestern dem Unwetter entgegengehalten. Im Volksglauben wurde es dadurch zum Wetterkreuz. Nicht nur in Süddeutschland ist es bis heute ein beliebter Schmuck.

Dem Caravaca-Kreuz ähnlich ist das **Scheyerer-Kreuz**, ebenfalls ein Doppelkreuz oder Patriarchenkreuz, aber ohne Verdickung an den Enden. Es soll den Träger von „Pest, Hagel, Feuer, Donner, bösen Nachstellungen und allem Übel“ bewahren. Der Volksmund bezeichnet es als „Schauerkreuz“, weil es gegen Hagel helfen soll. Dieses Kreuz geht zurück auf eine Monstranz des Benediktinerklosters Scheyern (Landkreis Pfaffenhofen), die der Tradition nach einen Splitter des Heiligen Kreuzes umfasst. Kreuzfeiern finden in Scheyern noch jährlich statt, die Mini-Nachbildung des Patriarchenkreuzes kann dort erworben werden.

Das Kreuz verbindet oben und unten, Himmel und Erde, Transzendenz und Immanenz. Es symbolisiert Geist und Materie, Seele und Leib.

Das **Ulrichskreuz** oder Siegeskreuz des heiligen Ulrich ist eine kostbar gefasste Kreuzreliquie in der Augsburger Heiltumskammer, die mit Bischof Ulrich von Augsburg und seinem siegreichen Einsatz bei der Schlacht auf dem Lechfeld 955 in Zusammenhang gebracht wird. In Silber oder Messing nachgebildet, wird das Kreuz oft mit dem Zacharias- oder Benediktussegen verbunden und zum Schutz getragen.

Das **Benediktuskreuz** wurde seit dem 17. Jahrhundert dem heiligen Benedikt, dem Begründer des Benediktinerordens, zugeschrieben. Entnommen ist es aber einer Miniatur einer Bibelhandschrift von 1414 aus dem Kloster Metten. Dort hält eine Gestalt, die als personifizierte *Religio* gedeutet wird, das Kreuz gegen eine unmittelbar daneben dargestellte *figura mundi*, die „Frau Welt", und die mit ihr verbundenen Laster. Die Buchstaben auf dem Kreuz stehen für: „*Crux Sancti Patris Benedicti*" = Kreuz des heiligen Vaters Benedikt, „*Crux Sacra Sit Mihi Lux*" = Das heilige Kreuz soll mir Licht sein, „*Non Draco Sit Mihi Dux*" = Der Drache soll mir nicht mein Führer sein, „*Vade Retro Satana Numquam Suade Mihi Vana*" = Weiche zurück, Satan, niemals verführe mich zu Nichtigem, „*Sunt Mala Quae Libas Ipse Venena Bibas*" = Schlecht ist, was du darreichst, trinke selbst das Gift. Diese Formel wird als **Benediktussegen** bezeichnet und hat eine apotropäische Aufgabe: Er soll Schutz sein gegen Alltagsgefahren, Blitz, Hagelschlag, Vergiftung, Fieber, Pest, Steinleiden, Fallsucht, böse Geister, Hexen, den Teufel sowie bei Geburten und in der Sterbestunde. Für die Zauberwirkung entscheidend war die Unverständlichkeit der Buchstabenfolge.

Gedruckt erschien der Zachariassegen erstmals 1647. Er soll zum Schutz gegen die Pest getragen werden.

In Verbindung mit dem Benediktussegen tritt gerne der **Zachariassegen** auf. Er ist nach einem Jerusalemer Patriarchen benannt. Gedruckt erschien der Zachariassegen erstmals 1647. Er soll zum Schutz gegen die Pest getragen werden. Der Zachariassegen listet die Buchstabenfolge auf: + Z + DIA + BIZ + SAB + Z + HGF + BFRS. Die einzelnen Kreuze stehen für einen mit „Crux Christi" beginnenden Vers, jeder Buchstabe für den Wortanfang eines Palmverses. Dieser Segen schützt vor allem Unheil, Pest, Hexerei und Unwetter. Voraussetzung der breiten Akzeptanz war die Unwissenheit um die Buchstabenfolge, die man für eine magische Formel hielt. Die Gebetszettel wurden zusammengefaltet und in ein Behältnis, eine „Heiltumstasche", eine Hülle aus Leder, Seide oder Metall gelegt. Dieses Breverl (lat. *breve* = Brief) wurde wie ein Amulett genutzt und schützte gegen vielerlei Gefahren. Es sollte auch Soldaten vor feindlichen Kugeln schützen, weshalb es zu dem Namen „Kugelfänger" kam.

Das **Pollinger Kreuz** geht auf ein Kreuz (Pollinger Gnadenkreuz) zurück, das der bayerische Herzog Tassilo III. († 796) bei der Jagd gefunden haben soll. Das oberbayerische Stift Polling im Landkreis Weilheim-Schongau, ehemals eine Benediktinerabtei und später ein Augustiner-Chorherrenstift, ist seit dem 13. Jahrhundert Ziel einer Wallfahrt „Zum Kreuz".

Die Gebetszettel wurden zusammengefaltet und in ein Behältnis, eine „Heiltumstasche", eine Hülle aus Leder, Seide oder Metall gelegt. Dieses Breverl wurde wie ein Amulett genutzt und schützte gegen vielerlei Gefahren.

Medaillen mit Darstellungen Jesu, Mariens, verschiedenster Heiliger und christlicher Symbole aus Messing, Silber, Blei oder Aluminium sowie Wallfahrts- und Bruderschaftsmedaillen existieren seit dem 17. Jahrhundert in unüberschaubarer Menge. Sie werden am Körper getragen, in Kleidung eingenäht, am Rosenkranz befestigt. Sie haben primär religiöse Funktion, dienen der Besinnung und Erinnerung und haben zugleich Schutzfunktion.

Eine besondere Rolle spielt die **Wundertätige Medaille**. Sie geht zurück auf eine Marienerscheinung, die die Novizin Katharina Labouré am 27. November 1830 im Mutterhaus der Vinzentinerinnen in Paris hatte. Die Erscheinung verlangte von ihr die Prägung einer Medaille, die auf der einen Seite die

Das Blaue Auge, zuerst bei den Turkvölkern verwendet, wird als Anhänger, Armband oder Ring getragen: ein Auge aus blauem Glas oder Türkis gegen den bösen Blick.

Gestalt der Gottesmutter zeigt und die Umschrift: „O Maria, ohne Sünden empfangen, bitte für uns, die wir zu Dir unsere Zuflucht nehmen." Die Rückseite zeigt ein M (für Maria), das von einem Kreuz überragt wird, darunter die beiden Herzen Jesu und Mariens, umrahmt von zwölf Sternen gemäß der Geheimen Offenbarung. Bei Labourés Tod im Jahr 1876 waren bereits 1 Milliarde Medaillen geprägt worden. Die Bezeichnung „wundertätig" hat die heute noch vertriebene Medaille erhalten, weil es durch sie zu auffallend vielen Bekehrungen und Heilungen gekommen sein soll.

Agathazettel (auch Agathenzettel oder **Agathensegen** genannt), meist mit einer der Allgemeinheit unverständlichen lateinischen Heilsformel, wurden am Agathatag (5. Februar) gesegnet. Agatha war Feuerbannerin und wurde in den Anliegen der Mütter angerufen. Geweihte Agathazettel steckte man direkt in wie eine kleine Brust geformte **Agathabrötchen**. Sie wurden als Schutz vor Fieber und Krankheiten der Brust betrachtet und sollten auch gegen Heimweh helfen, das bekanntlich wie Feuer brennt. Frauen erhielten es gleich nach der Geburt ihrer Kinder, um den Milchfluss anzuregen. Auch wenn es Agathenzettel aktuell nicht mehr gibt, haben Agathabrötchen noch Konjunktur.

Vor 50 Jahren waren das **Blaue Auge** bzw. das Auge der Fatima oder die „Hand der Fatima", die durch Gastarbeiter und Touristen bekannt geworden sind, im Westen nicht präsent. Das Blaue Auge, zuerst bei den Turkvölkern verwendet, wird als Anhänger, Armband oder Ring getragen: ein Auge aus blauem Glas oder Türkis gegen den bösen Blick. Das Auge der Fatima heißt türkisch *nazar-boncuğu* (= Blick-Perle). Bei der

Hand der Fatima (türkisch *hamsa*) kommt das blaue Auge zur Hand hinzu. Dieser Talisman findet sich inzwischen auch in westeuropäischen Autos. Im Arabischen gilt er als Mittel gegen den bösen Blick, aber auch gegen Geister und Dämonen.

Der **Dreikönigszettel** war früher neben dem Agathensegen, dem Benediktussegen und dem Zachariassegen die vierte Segensformel, die als Schutz- und Heilmittel eingesetzt wurde. Die Anfangsbuchstaben von Caspar, Melchior und Balthasar wurden mit Segensformeln und manchmal auch mit magischen Symbolen versehen. Vor allem in Süddeutschland und in Österreich waren die Dreikönigszettel Hausschutz. Man trug sie auch als Breverl am Körper oder bewahrte sie in der Geistlichen Hausapotheke auf.

„Neidfeige" bezeichnet eine als obszön geltende Geste mit der Hand, bei der der Daumen zwischen Zeige- und Mittelfinger geklemmt wird

Das **Agnus Dei** ist eine Wachsscheibe mit einem Reliefbild des Lammes Gottes, das angeblich seit dem 9. Jahrhundert in Rom aus den Resten der geweihten Osterkerze hergestellt wurde und der religiösen Andacht dienen sollte. Dieser Brauch ist erst im Jahr 1964 aufgegeben worden. Die Agnus Dei finden sich in Altaraufbauten wieder, es gibt sie auch in Holzrahmen für den privaten Gebrauch, meist reich verziert durch Klostergespunstarbeiten.

Korallen gehören zu den ältesten Materialien für Amulette. Sie sollen das Böse fernhalten und vor allem den bösen Blick abwehren.

„Neidfeige" (lat. *mano in fica, mano fico*, frz. *faire la figue*, ital. *far la fica*) bezeichnet eine als obszön geltende Geste mit der Hand, bei der der Daumen zwischen Zeige- und Mittelfinger geklemmt wird: ein Symbol der Vulva, das auch einfach „Feige" genannt wird. Auch die Geste, bei der Zeigefinger und kleiner Finger ausgestreckt werden, gilt als Neidfeige. Umschrieben wird das Zeichen mit der Redewendung „jemandem den Daumen (Feige) zeigen“. Mit der Feigen-Geste weist man eine Zumutung zurück („Neidfeige“ geht etymologisch zurück auf das mittelhochdeutsche Wort *nît* = Hass). Das Amulett wehrt Hexen und Hexerei, Verwünschungen und den bösen Blick ab. Heute kann man die Neidfeige pikanterweise als „Santiago-Fica“, geschnitzt aus Gagat (imprägniertes fossiles Holz), als Pilger in Santiago de Compostela erwerben. Südeuropäer haben die Neidfeige in Deutschland bekannt gemacht.

Nepomukzungen sind der menschlichen Zunge nachgebildete Anhänger aus Metall, Glas, Jaspis oder Wachs, die die Zunge des böhmischen Priesters Johannes Nepomuk († 1393) symbolisieren. Nepomuk hat der Legende nach das Beichtgeheimnis gewahrt und ist dafür in den Tod gegangen. Die Nepomukzungen erinnern aber nicht an das Beichtgeheimnis, sondern sollen vor übler Nachrede und Verleumdung schützen. Sie sind Symbole für Ehre und Verschwiegenheit.

Sebastianspfeil nennt sich ein Anhänger aus Messing oder Silber, der einen oder drei Pfeile zeigt. Oft bildet die Pfeilmitte eine Plakette, auf deren Rückseite Kreuz und Nägel dargestellt werden. Anhänger dieser Art stammen von Sebastianusbruderschaften, die sie seit dem 16. Jahrhundert ausgeben. Einfache Pfeile an einem Kettchen finden sich heute vor allem in Südeuropa. Die Sebastianuspfeile sind Symbole der Pest und stellen Sebastian als Pestheiligen heraus. Die Pestpfeile sind in Ausdeutung des Psalms 91,5f. entstanden: „Du brauchst dich vor den Schrecken der Nacht nicht zu fürchten, noch vor dem Pfeil, der am Tag dahinfliegt, nicht vor

Die Sebastianuspfeile sind Symbole der Pest und stellen Sebastian als Pestheiligen heraus.

der Pest, die im Finstern schleicht, vor der Seuche, die wütet am Mittag". Der Pfeil als Anhänger mit Kette, als Ring, Ohrstecker, Schlüsselanhänger, Armband oder Kette wird von Amazon auf 48 Seiten 1.172-mal angeboten (Stand: März 2015).

Steinamulette hatten und haben unterschiedlichste Aufgaben. **Bergkristall** soll böse Geister abwehren und gutes Augenlicht bewahren. Als „Verschreistein" wird er den werdenden Müttern gegen das Erschrecken aufgelegt. Die Kinder sollen dadurch vor Missbildungen bewahrt werden. Herzförmig geschliffen, waren sie ein Liebesbeweis, sollten Glück und Kraft schenken und die Liebe zu einer Frau auslösen. Andere Schreck- oder Fraisensteine bestanden aus **Achat, Rhyolith** oder **Serpentin. Jaspis** wurde zusätzlich gegen Blutkrankheiten als Amulett getragen.

Walburgabüchslein, -fläschchen und -kästchen werden kleine Gefäße genannt, die am Hals (oder Gürtel, Mieder, Rosenkranz) getragen oder an Wiegen oder über Betten aufgehängt werden. In den Walburgabüchsen enthalten ist das Walburga-Öl, eine Flüssigkeit, die seit 1042 unter dem Reliquienschrein der Heiligen Walburga in Eichstätt von Oktober bis Ende Februar austritt, gesammelt wird und im Kloster gekauft werden kann. Es gilt bis heute als heilkräftig. Walburga (Gedenktag: 25. Februar) wird angerufen für „die Gesundheit des Leibes und der Seele", für „Beharrlichkeit" und eine „wohlgefällige Berufswahl", für Wöchnerinnen, gegen offene Wunden und Augenleiden, für Landwirtschaft und Haustiere, gegen Hungersnot, Husten, Hundebiss und Tollwut – das typische breite Wirkspektrum einer über Jahrhunderte verehrten Heiligen.

Angerufen wird Wolfgang gegen Schlagfuß, Bauchweh und Gicht. Das Wolfgangihackel findet sich bis heute im bayerischen und österreichischen Raum.

Das **Wolfgangihackel** bezieht sich auf den heiligen Bischof Wolfgang von Regensburg (um 924–994; Gedenktag: 31. Oktober). Der soll die Stelle, an der eine Kapelle gebaut werden sollte, mit dem Wurf eines Beiles ermittelt haben – eine symbolische Rechtshandlung. Ob dieses „Hackel" nun zur Verehrung des Heiligen getragen wird oder als magisches Mittel angesehen wird, eine Bitte um Heilung oder Besserung eines Leidens zu erlangen, muss der jeweilige Träger selbst entscheiden. Angerufen wird Wolfgang gegen Schlagfuß, Bauchweh und Gicht. Das Wolfgangihackel findet sich bis heute im bayerischen und österreichischen Raum.

Ein Blitz trifft den Verfluchten beim Scheißen.
Böses lässt sich durch Obszönitäten noch steigern.

Verfluchter Fluch

Das Böse ist dem Bösen feind

„Dich soll der Teufel holen", „Der Blitz möge dich beim Scheißen treffen" oder „Scheißkerl, ich wünsche dir die Pest an den Hals" hat wohl schon jeder einmal gehört. Fluchen, gerne verbunden mit Obszönitäten jeder Art – man denke nur an das fröhliche „Fuck you", das einem heute schon Jugendliche freundlich entbieten –, ist inzwischen ein Alltagsgeschehen. Wem selber fluchen nicht reicht: Eine unübersehbare Schar von selbsternannten Hexen und Hexern, Zauberinnen und Zauberern bietet kostenpflichtige Dienste für diese Art schwarzer Magie oder Schadenszauber an. Der unausweichliche Erfolg dieses Tuns wird mit – natürlich unbewiesenen – Geschichten von deren Wirkung belegt. Vergleiche mit Voodoo-Zauber sind nicht selten.

Fluchformeln wie „Potz Blitz" wünschen, dass der Verfluchte von Gott durch einen Blitz erschlagen werde. Weil aber der Name Gottes nicht ausgesprochenen werden soll, damit sich der Fluch nicht gegen den Fluchenden wendet, schützt er sich gegen diese Verdrehung durch Einsatz eines „Statthalters", eben „Potz" statt „Gottes". Varianten sind „Potz Sapperment" statt „Gottes Sakrament", „Oh Jemine" statt „Oh Jesus Domine". Ob die mit dem Ruf nach Blitz und

Donner verbundenen Flüche noch bis zum germanischen Donnergott zurückreichen, ist umstritten. Aber die anschauliche Gewalt dieser Naturereignisse nimmt man gerne bis in die Gegenwart in den Dienst, um seinen Gegner niederzumachen.

Ein Fluch ist eine gesprochene magische Formel, durch die man Unheil auf einen anderen, dessen Besitz, einen Ort oder auch auf sich selbst herbeiwünscht. Oft sind Flüche zur Bekräftigung mit dem Wunsch verbunden, der Fluchenden möge selbst bestraft werden, wenn etwas Bestimmtes nicht eintritt oder zutrifft. Das Motiv des Fluchenden ist der Zorn, der Wunsch zu strafen und/oder Rache zu üben. Der Verfluchte muss beim Fluchen nicht anwesend sein oder auch nur vom ausgesprochenen Fluch wissen. Die Wirkung des Fluchs wird erreicht durch die Annahme einer magischen Allmacht des eigenen Willens. Der Fluchende handelt in der Überzeugung, dass das bloße Aussprechen, manchmal auch nur das Denken des Fluchs, das Eintreten des Ereignisses zur Folge hat. Wer dabei die handelnde Macht ist, Gott, der Teufel, ein Dämon oder das Schicksal, bleibt gleichgültig, weil der Fluchende unwiderstehlichen Einfluss hat.

Ob die mit dem Ruf nach Blitz und Donner verbundenen Flüche noch bis zum germanischen Donnergott zurückreichen, ist umstritten.

Und, wenn wir schon einmal dabei sind: Fluchen ist nicht nur menschlich, es scheint auch göttlich zu sein. Gott selbst verflucht in der Schöpfungserzählung erst die Schlange und dann den Erdboden (Gen 3,14.17) und Jesus Christus verflucht einen Feigenbaum (Mk 11,12–25; Mt 21,18–22). Und auch der andere besonders gefürchtete Vaterfluch kommt in der Bibel schon vor: Noah, der mit der Arche, verflucht seinen Enkel Kanaan (Gen 9,25f.). Diese Fakten haben nicht dazu geführt, dass das Fluchen von der Kirche als gelungene Lebensbewältigungsmaßnahme anerkannt wurde; im Gegenteil, das Fluchen wurde immer mit Strafe belegt.

Die Vorstellung, dass gerade die, die darauf achten, dass andere nicht fluchen, sich manchmal selber nicht beherrschen können, belustigt natürlich Normalsterbliche, die sich zur Bewältigung ihres Frusts einer Form bedienen, die die geltende Ordnung auf den Kopf stellen darf – z. B. eines Witzes wie diesem: Ein Pfarrer spaziert an einem Sonntagnachmittag betend über einen Fußweg an der Landstraße. Sein frommes Tun wird plötzlich durch das nervige Gebrüll eines Mannes in Lederkleidung unterbrochen, der sein offensichtlich funktionsuntüchtiges Motorrad anbrüllt: „Mistkarre, gottverdammte, dich soll der Teufel holen." Der Pfarrer steht sprachlos dabei und hört sich eine Weile den Tobenden an. Dann sagt er milde: „Guter Mann, wollen Sie es nicht einmal anders versuchen? Ein ‚Gelobt sei Jesus Christus' ist sicher hilfreicher als Ihr Fluchen." Genervt starrt ihn der Motorradfahrer an: „So 'ne Scheiße", knurrt er, „aber wenn Sie meinen." Sprach's, setzt sich auf sein Vehikel, tritt den Starter und brüllt „Gelobt sei Jesus Christus" und, oh Wunder aller Wunder, der Motor springt an und der Fahrer düst davon. Völlig verdutzt brummelt der Pfarrer: „Verdammte Scheiße, das hätte ich nicht geglaubt."

Nicht nur die Flüche von Vater oder Mutter über ihre Kinder und Kindeskinder gelten als besonders stark, auch die Flüche von Sterbenden, die sich am Übergang von Leben und Tod befinden. Bei den Flüchen der Eltern wird der Fluch der Mutter stärker gewichtet als der des Vaters, vielleicht weil viel passieren muss, ehe eine Mutter ihr Kind verflucht. Nicht ohne Grund heißt es wohl: „Des Vaters Segen bauet ein Haus, der Mutter Fluch reißt's wieder aus." Ähnliche Bedeutung haben die Flüche sehr alter Leute und Flüche von Priestern. Die Flüche eines betrogenen Mädchens gehen so sicher in Erfüllung wie die einer Schwangeren. Und Flüche, die Gott als Verfluchenden oder Bestrafenden anrufen, gelten als feierlich und treffen deshalb sicher ein.

Während ausgesprochene Flüche gekennzeichnet sind durch die spontane Empörung oder Wut des Fluchenden, sind geschriebene Flüche, die an einem sicheren Ort verwahrt werden, meist zurückhaltender formuliert, aber nicht weniger drastisch in ihrer Zielsetzung. Ihrer Langlebigkeit wegen haben die geschriebenen Flüche andauernde Kraft. Im schwedischen Lund hat man vor Jahrzehnten eine Knochenplatte aus dem 10. Jahrhundert ausgegraben, auf der eine Frau den treulosen Geliebten verflucht und ihm Mangel und Kummer wünscht.

Ein Fluch kann auch reinigende Kraft haben, er kann Verderben *und* Gedeihen bringen. Die von bösen Geistern, z. B. in Gestalt von Wölfen, bedrängte Schafsherde kann durch den fluchenden Hirten gerettet werden. Das Böse kann auch des Bösen Feind sein. Andererseits gehört das Fluchen zum bäuerlichen Pflichtprogramm. Bäume, Saaten und Kinder werden durch das Lob von Zauberern verdorben, durch Fluch aber gefördert. Jeder Fluch jagt drei Fische in das Netz des Fischers; Kümmel, Raute und Kresse darf man nur fluchend setzen. Was hier ausgesprochen wird, ist ein Abwehrzauber, der die Dämonen davon abhalten soll, die Saat zu verderben.

Als das Fluchen mit der Zeit immer stärker negativ belegt wurde, drehte sich der Abwehrzauber um: Beim Baumpflanzen darf man nicht fluchen, und auch Fische fängt man so nicht mehr. Wenn der Hirt beim Austreiben des Viehs flucht: „Der Waldgeist soll die Viecher holen“, muss er nun damit rechnen, dass der Waldgeist tatsächlich den Tieren Böses antut.

Mit dem Wandel hängt zusammen, dass nun von bestimmten Wesen berichtet wird, die Feinde des Fluchens sind. Die Bienen vertragen das Fluchen nicht und stechen jeden Fluchenden. Auch Kobolde und Zwerge mögen kein Fluchen.

Das Fluchen hat apotropäische Wirkung, wenn es darum geht, die Geister zu vertreiben, die als Wirbelwind in das Grummet, den zweiten Heuschnitt, fahren. Fluch und Schimpfworte vertreiben Dämonen und Hexen. Auch die Seelen der untoten, ungetauft verstorbenen Kinder, die als Irrlichter umherschwirren, werden durch Beten angelockt, lassen sich aber durch Fluchen vertreiben.

Wenn das passiert, wird der Fluchende bestraft. Er verliert meist sein Leben oder wird ebenfalls zu einem Untoten, der auf ewig umherstreifen muss. Die strafende Macht, manchmal auch Gott selbst, vollzieht die Strafe durch einen Blitz, der Teufel holt den Fluchenden, sein Hab und Gut geht für immer verloren.

Fluch und Schimpfworte vertreiben Dämonen und Hexen.

Einige Menschen werden in den Sagen vom Fluchen geheilt, und in der Regel hat der Teufel selbst das größte Verdienst daran. Ein unfehlbares Mittel gegen die negativen Auswirkungen des Fluchens, einen Gegenzauber, erfindet eine Mutter, deren Kinder das Fluchen nicht lassen können. Sie hängt eine geschälte Zwiebel an die Wand, damit sie die Flüche „einsappt“, also aufsaugt. Gewusst wie!

SCHEISSE, SHIT UND MERDE

Abgesunkene Flüche

Wenn etwas misslingt, erklingt heute oft das Wort „Scheiße“. Wenn wir die Beliebtheit von Worten nach der Häufigkeit ihres Gebrauchs bemäßen, käme „Danke“ nur unter „ferner liefen“. „Scheiße“ dagegen hätte die Chance auf einen vorderen Platz.

Die folgende Kurzgeschichte eines unbekannten Autors lebt von der Nutzung dieses Worts als Kraftausdruck.

Es lebte einst in einem fernen Winterlande ein rebellischer junger Spatz. Als das Ende des Herbstes nahte und die anderen Spatzen sich auf den Flug in den sonnigen Süden vorbereiteten, beschloss der junge Spatz, nicht mit ihnen zu ziehen.
Bald kam der Winter und dem kleinen Spatzen wurde es kälter und kälter. Schließlich entschloss er sich, doch in den Süden zu fliegen, da er wusste, dass er erfrieren musste, wenn er bliebe.
Es war so kalt,dass sich beim Fliegen Eis auf seinen Flügeln bildete, und er fiel nieder auf die Erde und landete auf einem Bauernhof.
Eine Kuh, die durch den Hof ging, ließ einen dicken Fladen von Scheiße auf den kleinen Spatz fallen. Der Spatz dachte,

er müsse ersticken, aber stattdessen wurde er wieder ins Leben zurückgewärmt. So gewärmt, glücklich und in der Lage zu atmen, begann der kleine Vogel zu singen.
Eine vorbeistrolchende Katze, die den fröhlichen Gesang hörte, räumte die Kuhscheiße beiseite, sah den glücklichen Vogel und fraß ihn.
Diese Geschichte hat eine dreifache Moral:
Erstens: Nicht jeder, der auf dich scheißt, muss dein Feind sein.
Zweitens: Nicht jeder, der dich aus der Scheiße holt, muss dein Freund sein.
Und drittens: Wenn du dich in einem Scheißhaufen warm und glücklich fühlst, dann halte deinen vorlauten Mund.

Diese Kurzgeschichte lebt davon, dass Scheiße eben nur Scheiße ist, aber auch nützlich sein kann. Wer jemanden aus ihr befreit, muss deshalb noch kein Freund sein. Die Provokation der Geschichte besteht darin, dass sie Werte auf den Kopf stellt.

Vor wenigen Jahrzehnten war die Verwendung des Wortes „Scheiße“ ein Kennzeichen der Zugehörigkeit zur Unterschicht, zumindest aber ein Beleg für schlechtes Benehmen (Vulgärsprache). Heute kennt jedes Kind dieses Wort ehe es im Kindergarten aufgenommen wird. Im Deutschen stehen alle sprachlichen Variationen zur Verfügung: „Das ist Scheiße“, „Du siehst aber scheiße aus“, hier herrschen aber „beschissene Verhältnisse“ usw. Und wer seinen gehobenen Bildungsstand dokumentieren will, ersetzt die Scheiße durch „shit“ oder „merde“. Wer lieber seine Dialektkenntnisse belegt, kann auch wählen: „Schiet“ in Niedersachsen, „Driss“ im Rheinischen etc. Und wer eigentlich „Scheiße“ sagen möchte,

Vor wenigen Jahrzehnten war die Verwendung des Wortes „Scheiße“ ein Kennzeichen der Zugehörigkeit zur Unterschicht, zumindest aber ein Beleg für schlechtes Benehmen.

sich aber nicht traut, kann „Scheibenhonig“ als Ausweichwort verwenden; jeder weiß, dass dieses Sensibelchen „Scheiße“ gemeint, aber vermutlich aus feinfühliger Höflichkeit nicht gesagt hat.

Mag sein, dass die meisten Menschen das Wort aus Ärger, Wut, Stress oder Frustration sagen. Obszönitäten wie diese sind jedoch ursprünglich ein Fluch, der einer Person oder Sache hinterhergeschickt wird. Diese Beleidigung gibt der Fluchende von sich mit der Absicht Unheil zu bringen, Rache zu üben oder die Person zur Sühne zu zwingen. Der magische Fluch verlangt nicht die Anwesenheit des Verfluchten, noch muss diesem bewusst sein, dass er verflucht wird.

In unserer Umgangssprache sind noch etliche dieser „abgesunkenen Flüche“ präsent, die oberflächlich nur eine Beschimpfung zu sein scheinen. „Hol’ dich der Teufel!“ oder „Zur Hölle mit dir!“ sind bekannte Beispiele.

Bei den obszönen Flüchen wird dagegen bewusst ein Tabu gebrochen, das normalerweise verhindert, dass mit Scham oder Ekel behaftete Themen angesprochen werden. Ausgedrückt werden sollen Verachtung, Nichtigkeit, Inakzeptanz, Todeswürdigkeit und mehr – zumindest eins ist sicher, positiv oder freundlich ist ein solch obszöner Wortbeitrag nie gemeint. Das „Scheißerchen“ ist allerdings ein Ausdruck der Mutterliebe angesichts eines Wonneproppens mit regelmäßig guter Verdauung. Und der „Schisser“ ist einer, der seine Furcht nicht im Griff hat, ein Angsthase.

Die Fastnacht, die Zeit der umgekehrten Ordnung, kennt gleichfalls Obszönitäten, wie etwa in dem unvergleichlichen Kölner „Leedche vum Kacke“, wo eben nicht die Scheiße, sondern ihre Produktion Thema ist. Es enthält zwei charmante Erkenntnisse. Erstens: „wenn de nit mieh kacke kanns, dann bis de dut“ und zweitens: „dot drieße weich un rund. Wä immer richtich kacke kann, dä bliev jesund.“

Das Lexikon der Vulgär- oder Fäkalsprache lässt sich geradezu galaktisch ausweiten. Gerade das Englische bietet ausreichend Material: fuck you, fuck off, what the fuck, fuck it, I don't give a fuck ... werden heute inflatorisch gebraucht, und inzwischen sind sie oft nur eine Verstärkung und ihres alten Sinnes entleert. „He's a dumb fuck" meint, „Er ist ein Vollidiot" und „You're one smart fuck" „Du bist ein gerissener Hund." Wie obszön die Wortwahl ist, ist gar nicht mehr präsent.

Da soll noch jemand behaupten, Scheiße bringe Glück. Das sagen zumindest einige zu jemandem, der gerade eine hündische Tretmine auf dem Trottoir mittig betreten hat. Natürlich bringt das kein Glück, sondern nur Spott und schmutzige Reinigungsarbeit. Freude bringt es nur den Spöttern. Wir wären aber nicht in Deutschland, wenn es nicht auch für das Scheißeglück eine tiefschürfende Erklärung gäbe. Angeblich stammt diese Auffassung aus einer Zeit, als sich die Zuschauer noch mit einer Pferdekutsche ins Theater bringen ließen. War die Straße vor dem Theater mit Pferdeäpfeln garniert, also echt beschissen, musste die Vorstellung ausverkauft sein, der Besuch dieses Theaterstücks sich also lohnen.

War die Straße vor dem Theater mit Pferdeäpfeln garniert, also echt beschissen, musste die Vorstellung ausverkauft sein.

Stich für Stich

Vom Sticheln und Verstahlen

Die schwarze Magie des Voodoo-Zaubers ist jedem bekannt. Ein Voodoo-Püppchen, das jemand Bestimmten darstellt, wird mit Nadeln gespickt. Unzweifelhaft soll der Zauber bewirken, dass der Dargestellte einen grauenvollen Tod stirbt. Der James-Bond-Film *Leben und sterben lassen* hat 1973 eine solches Ritual eindrucksvoll vorgeführt. Ein kreolischer Hexenzauber mit afrikanischen Wurzeln?

Was im Kino exotisch und einzigartig erscheint, ist so singulär nicht. Eisen an sich, vor allem aber eiserne Gegenstände, zumal solche mit Spitzen und Schneiden, spielen im Aberglauben aller Kulturen und aller Zeiten eine Rolle.

Nadeln (Näh-, Steck- oder Stopfnadel) gelten unter bestimmten Bedingungen als Glück oder Unglück bringend. Was dem einen ein Zeichen für Glück ist, kann je nach Weltgegend bei dem anderen für Unglück stehen. Wenn man eine Nadel findet, mit der Spitze gegen einen selbst gerichtet, bedeutet dies bei den einen Glück und bei den anderen Unglück. Wer eine Nähnadel mit einem schwarzen Faden findet, hat ein Vorzeichen für das baldige Sterben eines Menschen entdeckt. Eigentlich soll man überhaupt nichts Spitzes aufheben, es bringt in jedem Fall Unglück. Dahinter steckt die alte

Annahme, dass man weder freiwillig noch unfreiwillig – auch nur den geringsten – Besitz abgeben soll, weil man dadurch dem neuen Eigentümer Macht über sich einräumt. Das gilt eben auch für die verlorene Nadel: Ihr früherer Besitzer hat keine Ruhe, weil er den Finder der Nadel und schließlich die Nadel selbst wiederfinden muss. Andere Quellen verheißen demjenigen Glück, der eine Nadel findet, die mit dem Kopf – andere sagen mit der Spitze – auf den Finder zeigt.

Nichts von seinem Eigentum soll man verleihen, nicht einmal eine Nadel, hieß es einst, weil sonst die Hexen Gewalt über einen bekommen könnten. Dies war nur durch eine Gegengabe zu vermeiden, wenigstens eine Nadel. Unterließ man es, hatte man sein Glück weggeschenkt. Eine geschenkte Nadel zersticht nach dieser Auffassung Freundschaft und Liebe. In der Schweiz bedeutet die Redensart „jemandem eine Nadel schenken" die Freundschaft „verstechen", also die Freundschaft verlieren. Im alten Westböhmen verehrte ein junger Mann seiner Geliebten eine Nadel, wenn er seine Beziehung mit ihr beenden wollte.

Wer eine Nähnadel mit einem schwarzen Faden findet, hat ein Vorzeichen für das baldige Sterben eines Menschen entdeckt.

Wollte man bei Nadelübergaben Schaden von sich wenden, musste man sich dabei anlächeln und die Nadel mit dem Kopf voran reichen. Ein kleiner Stich mit einer blutenden Wunde schützte den Überreichenden gleichfalls vor Schaden.

Eine besondere magische Kraft hatten Nadeln, die mit einem Toten in Verbindung gestanden hatten, so z. B. Nadeln, die im Leichentuch gesteckt hatten oder Nähnadeln, mit den das Leichentuch gefertigt worden war. Diese Nadeln fanden Verwendung bei Liebes- und Impotenzzauber. Diese Nadeln, in ein Butterfass oder einen Bierbottich gesteckt, verhinderten das Verderben des Inhalts. In anderen Gegenden bewahrte man derartige Nadeln auf, weil sie gegen Furcht helfen sollten oder weil sie einen Schützen treffsicher machten. In Oldenburg nähte man eine solche Nadel in den rechten Rockärmel eines jungen Mannes, der so vom Militärdienst befreit wurde. Sein Glück beim Würfel- und Kartenspiel konnte man bannen, wenn man mit dieser Nadel den unteren Teil seines Hemdes zunähte und dann diese Nadel an seinem Spielplatz in die Unterseite der Tischplatte stach.

Bis in die Antike lässt sich der Brauch zurückverfolgen, mithilfe von Nadeln als Opfergaben von Brunnen- oder Quellgeistern die Zukunft zu erfragen. Die heidnischen Quellgeister wurden nach der Christianisierung nahtlos durch christliche Heilige ausgetauscht. Die Nadeln wandelten sich von Opfergaben zu Spenden, mit denen die Heiligen im Winter ihre Leichentücher befestigen konnten! Es gibt andere Orte, wo die Nadeln weder Opfer noch Spende waren, sondern Überträger einer Krankheit, die so auf diese Quelle überging. Es scheint aber auch ohne Wasser zu funktionieren: Die Maria-Magdalena-Kapelle in Esdonk, einer Bauerschaft, die zu der Gemeinde Gemert in Nord-Brabant gehört, wurde von einem Soldaten erbaut, der am 80-jährigen Krieg (1568–1648) teilgenommen hatte. Er hatte gelobt, Maria Magdalena eine Kapelle zu errichten, wenn er von der Syphilis geheilt werde. Hinter einer Glasscheibe in dieser Kapelle liegt eine Holzstatue „Christus im Grab“. Durch ein Loch in der Scheibe kann man einen (rostigen) Nagel in ein Behältnis werfen, um von Geschwüren, Furunkeln, Ekzemen und anderen Hauterkrankungen – vor

Durch ein Loch in der Scheibe kann man einen (rostigen) Nagel in ein Behältnis werfen, um von Geschwüren, Furunkeln, Ekzemen und anderen Hauterkrankungen – vor allem im Rektalbereich – geheilt zu werden.

allem im Rektalbereich – geheilt zu werden. (frdl. Information von Frau Catharina Gottstein, Grevenbroich-Langwaden, s. a. http://www.tijkools.nl/Peelrandbreuk_Esdonkse_Kapel/ und http://nl.wikipedia.org/wiki/Esdonk).

Dank ihrer magischen Kräfte sind Nadeln ein beliebtes Werkzeug der Hexen und Zauberer, die sich gelegentlich selbst in eine Stopfnadel verwandeln können oder als Alb in Form einer bleiernen Nähnadel auf die Bettdecke legen. Die todsichere Abwehrmethode: Man muss diese Nähnadel so zusammenbiegen, dass man die Spitze durch das Öhr ziehen kann – schon liegt die Hexe am anderen Morgen zusammengekrümmt und tot vor dem Bett. Einige Hundert Nadeln, kreuzweise in ein Tuch gesteckt, vergruben Hexen vor dem Hof des Bauern, dessen Vieh sie schaden wollten. Andere Hexen brachten den Leuten den Hexenschuss bei, indem sie ihnen Dornen und drei gelbe Stecknadeln in einem Beutel vor die Tür warfen und dabei sagten: „Du hast mich geschossen, ich schieße dich wieder in dieses und jenes Namen.“

Man muss diese Nähnadel so zusammenbiegen, dass man die Spitze durch das Öhr ziehen kann – schon liegt die Hexe am anderen Morgen zusammengekrümmt und tot vor dem Bett.

Auch beim Sympathiezauber (das hat, wie wir gleich sehen werden, nichts mit zwischenmenschlicher Sympathie zu tun) wurden meist Nadeln verwendet. In Italien stachen die Hexen in ein aus Asche geformtes Herz. In der Oberpfalz und in Flandern rächten sich verlassene Mädchen so: Sie zündeten um Mitternacht, einen Zauberspruch sprechend, eine Kerze an und stachen mit einigen Nadeln hinein. Dabei sprachen sie: „Ich stich das Licht, ich stich das Licht, ich stich das Herz, das ich liebe“. Mit diesen Stichen war der Untreue zum Tode verdammt. Sticheln einmal ganz anders, als wir es normalerweise verstehen. In slawischen Ländern spickten die Mädchen im 18. und 19. Jahrhundert ein Hammelherz mit Stecknadeln und kochten es – in der Hoffnung, den Abspenstigen wieder zurückzugewinnen. Das Märchen von Dornröschen klärt darüber auf, dass Hexen gerne mit vergifteten Nadeln arbeiteten.

Sympathetisch wurde in der schwarzen Magie gerne gestochen, um anderen nicht nur weh zu tun, sondern sie erkranken und sterben zu lassen. Mit dem Blut eines Menschen malte man seinen Kopf an die Wand und stach eine Nadel hinein, um kräftige Kopfschmerzen zu verursachen. Der Stich in einen gemalten Fuß führte zu einem Fußleiden. Nahm man für diese Aktionen eine Leichennadel, blieb der Fuß angeheftet, wo er gerade stand. Stiche in die Exkremente eines Menschen verursachen ihm Geschwüre im Mastdarm.

> *Die durch Zauberei erwirkte Impotenz galt als ein nach Kirchenrecht anerkannter Trennungsgrund. Die* impotentia ex maleficio *wurde deshalb ebenso gefürchtet wie geliebt.*

Die schlimmste Form des Nadelzaubers war es, von dem Menschen, dem man schaden wollte, eine Puppe aus Wachs, Lehm oder Blei anzufertigen. Rachepuppen, Atzmänner oder Atzelmänner wurden diese Figuren genannt. Die Puppe versinnbildlichte die Zielperson, die dadurch in einer analogischen und sympathetischen Wechselbeziehung zum Atzmann stand. Zu diesem Zweck wurde die Figur feierlich getauft, gesalbt und dann mit Nadeln durchstochen. Alternativ wurden Atzmänner auch schon einmal am Spieß gebraten oder mit Gift bestrichen. Die Wirkung sollte sich erhöhen, wenn man den Namen des Betroffenen auf die Puppe schrieb. Man konnte auch die Impotenz eines Menschen herbeiführen; dabei wurde eine gebogene Nadel verwendet. Die durch Zauberei erwirkte Impotenz galt als ein nach Kirchenrecht anerkannter Trennungsgrund. Die *impotentia ex maleficio* wurde deshalb ebenso gefürchtet wie geliebt. Ausgesprochen selten wurden Atzmänner beim Liebeszauber eingesetzt.

In verschiedenen Gegenden schützte man sich durch Nadeln vor Hexen. Sein Vieh bewahrte man, in dem man in die Ecken der Weide Nadeln einsteckte. Man „verstahlte“ so die Weide und machte sie für Hexen unpassierbar. Eine Nadel im Türbalken der Eingangstür leistete den gleichen Dienst und hielt die Wohnung hexenfrei.

Jeder lebt
NUR EINMAL

In guter Hoffnung

Schwangerschaft

Das Leben eines Menschen kennt genau wie das Jahr verschiedene Phasen – darunter auch solche, in denen der Mensch besonders des Schutzes bedarf und notfalls auch Mittel zur Abwehr von Unheil und Unglück nötig hat. Vom Embryonalzustand bis zum Begräbnis gilt es, das Glück zu erhalten und das Unglück abzuwehren.

Der Alltag gibt uns Sicherheit, wir folgen dem gewohnten Rhythmus und vertrauten Verhaltensmustern. Aber das Selbstverständliche kann auf einen Schlag ins Gegenteil gekehrt werden. Aus dem Nichts heraus springt uns Ungewöhnliches an. Das Unglück lauert immer und überall, Unheil bricht in unseren Alltag ein. Chaos entsteht, Furcht folgt. Und wenn es nicht gelingt, dem Unheil rational zu begegnen, bleibt der irrationale Weg: Die magischen Alternativen mögen zwar nicht mehr – wie vor Jahrhunderten – der einzige Lösungsweg sein, aber die Aufklärung hat sie nur an den Rand gedrängt. Und wenn nichts Rationales hilft, die Harmonie im Alltag wiederherzustellen, ist der Einsatz von Magie recht.

Scheinschwangere Männer sind nützlich!
Sie lenken das Böse von ihren Frauen ab.

Im Folgenden soll der Einsatz von magischen Methoden exemplarisch an drei Stellen des Lebens aufgezeigt werden, an Geburt, Hochzeit und Tod.

Übergangszeiten machen verletzlich. So wie „die Zeit zwischen den Jahren" (25.12.–06.01.) den Dämonen die Chance zu bösem Wirken bietet, so tun es auch individuelle Lebensphasen, besonders die Zeit der Schwangerschaft, der Geburt und der frühen Kindheit. Die Schwangeren, Wöchnerinnen und frischgebackenen Mütter sowie Freundinnen, Verwandtschaft und Bekanntschaft bemühen sich, durch bestimmtes Tun das heranwachsende Leben zu schützen und Gefahren abzuwehren. Nach tradierter Auffassung sind der hilflose Embryo und das Kleinkind wehrlos den Angriffen böser Mächte ausgesetzt. Die durch Verwandte und Bekannte vermittelten Schutzmethoden lassen die Grenze zwischen Aberglaube und Realität vibrieren.

Von der Fruchtbarkeit der Frauen hängt der Fortbestand des Menschengeschlechts ab. Es ist kein Wunder, dass das Interesse und die Sorge um diese Fruchtbarkeit einst im ganzen Jahr eine Rolle spielte. Die Haselnuss symbolisiert Liebe und Fruchtbarkeit. Die Haselnussgerte versinnbildlicht Frühling, Glück und Wunscherfüllung, auch Unsterblichkeit, weshalb ein Zweig zu Palmsonntag in den Palmbusch geflochten wird. Seine „übernatürliche" Kraft zeigt sich bei seiner Verwendung als Wünschelrute, mit deren Hilfe Wasseradern und Erdstrahlung aufzuspüren sind. Schon vor Jahrhunderten strich man kleinen Mädchen mit einer Haselnussgerte über den Körper, um ihr so Fruchtbarkeit zu verleihen. „Pfitzeln" nennt man diesen Brauch, der noch heute

Die Haselnussgerte versinnbildlicht Frühling, Glück und Wunscherfüllung, auch Unsterblichkeit, weshalb ein Zweig zu Palmsonntag in den Palmbusch geflochten wird.

als Segens- und Fruchtbarkeitsgeste vorkommt. Bezeichnenderweise lautet ein Synonym für das Pfitzeln „Kindeln".

Viele abergläubische Handlungsanweisungen für Schwangere und damit verbundene Vorstellungen haben sich bis heute erhalten:

Jede Schwangerschaft kostet eine Frau einen Zahn!

Analoges Denken hat zu dem Glauben geführt, dass eine Schwangere, die einen Brand beobachte, ein rothaariges Kind zur Welt bringen werde.

Die Schwangere darf sich bei einem Brand zudem nicht mit der Hand über ihr Gesicht fahren, sonst bekommt das Kind im Gesicht ein Feuermal.

Immer wieder wird behauptet, Jahre mit reicher Nussernte brächten besonders viele Jungen zur Welt.

Während der Schwangerschaft soll die angehende Mutter nur schöne Menschen betrachten, denn so wird auch ihr Kind hübsch.

Während der Schwangerschaft soll die angehende Mutter nur schöne Menschen betrachten, denn so wird auch ihr Kind hübsch. Außerdem sind für sie die Teilnahme an Beerdigungen und Friedhofsbesuche tabu. Wenn sie sich schwarz kleidet, kann das Kind sterben.

Eine Schwangere darf sich nicht erschrecken, denn wenn sie dabei irgendwelche Teile ihres Körpers berührt, bekommt ihr Kind ein Muttermal. Im Übrigen führt der Schreck der Schwangeren zu einem Kind mit „bösem Wesen".

Ein Glück, dass heute nicht mehr auf der Tenne gedroschen wird, denn – so glaubte man – beim Kind entsteht eine Hasenscharte, wenn der Mutter beim Dreschen ein Getreidekorn auf die Lippe fliegt.

Abergläubisch und zugleich unausrottbar ist die Behauptung, wenn ein Kind viel schreie, hätte die Mutter während ihrer Schwangerschaft viel geweint. Eine Methode, die verhindern soll, dass das erwartete Kind viel schreit, besteht darin, die Wiege vor der Geburt nicht zum Schaukeln zu bringen.

Scharfes zu essen soll dem Ungeborenen schaden. Im schlimmsten Fall könnte es erblinden.

Auch die Ernährung während der Schwangerschaft hat Auswirkung auf das Kind: Eine Schwangere soll essen, was immer sie mag, und zwar, damit das Kind später beim Essen nicht wählerisch ist. Und nicht nur ihr Aussehen soll ein sicheres Indiz für das Geschlecht des Kindes sein: Auch ihre Vorlieben weisen in bestimmte Richtungen. Eine Schwäche für Süßes kündet ein Mädchen an, für Saures einen Jungen.

Die Regel, nach der es für die Schwangere tabu ist, unter einer Wäscheleine durchzugehen, schließt analog von der Leine auf die Nabelschnur, denn die droht sich bei Missachtung um den Hals des Kindes zu wickeln.

Andere erzählen, eine Schwangere dürfe nicht unter einer Wäscheleine durchgehen oder einen Kohlkopf stehlen, weil ihr Kind sonst dem Henker zu Opfer fallen könne.

Noch heute wird verbreitet, eine Schwangere solle nicht nähen, sticken oder häkeln, weil sich das Kind sonst an der Nabelschnur erdrossle. Die Nabelschnur würde sich auch gefährlich um den Hals des Ungeborenen legen, so ein früher verbreiteter Glaube, wenn die Mutter enge Halsketten trage oder sich eine Schnur um den Bauch binde.

Wer die Wöchnerin besuchte, musste sie früher mit Weihwasser besprengen und das Kreuzzeichen machen, damit Mutter und Kind gesund blieben und ihnen kein Unglück begegnete.

Es gibt Gegenden, in denen darf man einer Schwangeren – wenigstens in den ersten Wochen – nichts für ihr Kind schenken. Auch sie selbst kauft während der Schwangerschaft nichts für ihr Kind, weil dies angeblich zu einem Abort führt.

Scharfes zu essen soll dem Ungeborenen schaden. Im schlimmsten Fall könnte es erblinden. Das ist ebenso Aberglauben wie die Annahme, dass eine werdende Mutter, die sich in eine ehemals schon hautenge Jeans quetscht, dem Kind die Luft nähme.

Als Aberglaube gilt auch, dass Frauen während der Schwangerschaft eine Vorliebe für die Farbe Pink entwickeln. Das entspricht aber den Tatsachen. Falsch ist hingegen anzunehmen, das bliebe auch nach der Schwangerschaft so. Die alten Farbvorlieben kehren zurück.

Behauptet wird weiterhin, wenn die Schwangere oft traurig sei, würde ihr Kind später auch traurig. Abgesehen von Müttern, die tatsächlich an dem klinischen Befund „Depression" leiden, führt jedoch eine zeitweise auftretende Melancholie nicht zu einer lebenslangen Prägung des Kindes.

Die Annahme, eine Schwangerschaft könnte Krankheiten heilen, stimmt so nicht. Zwar kann sich durch die Veränderung des Hormonhaushalts während der Schwangerschaft ein Leiden wie Rheuma oder Asthma vorübergehend bessern, aber ausheilen können nur Eierstockentzündungen und eine Gebärmutter-Endometriose, die von versprengtem Monatsgewebe ausgelöst wird.

Als Aberglaube gilt auch, dass Frauen während der Schwangerschaft eine Vorliebe für die Farbe Pink entwickeln. Das entspricht aber den Tatsachen.

Im renommierten Medizin-Wörterbuch *Pschyrembel* findet sich das Stichwort „Männerkindbett" (frz. *couvade; couver* = ausbrüten). Damit verbunden ist der bis zur Mitte des 19. Jahrhunderts in Europa bestehende Brauch, dass sich die Ehemänner gleichzeitig mit ihren gebärenden Frauen ins Kindbett legen. Sie imitieren das Verhalten der Wöchnerin, präsentieren alle Schwangerschaftssymptome und beklagen ihre

Wehen. Sie erfahren die gleiche Behandlung wie die Wöchnerin. Das Männerkindbett spielt zwar heute in Europa keine Rolle mehr, kommt aber in Südamerika, Südostasien und auf den Balearischen und Kanarischen Inseln noch vor. Der Grund für dieses sonderbare Verhalten der Männer ist nicht die fehlende Beachtung, während ihre Frauen gebären, sondern die Ablenkung der bösen Geister, die so den wehrhaften Mann angreifen sollen, während sie die Geburt bei der Frau „übersehen“. Das Neugeborene wird auf diese Weise während seiner besonders schutzlosen Phase vom Bösen verschont.

Rund ein Viertel aller werdenden Väter zeigen Symptome, die den Schwangerschaftsbeschwerden ihrer Frauen gleichen: Kopfweh, Übelkeit, aufgeblähter Bauch und Gewichtszunahme.

Kein Aberglaube, dafür aber ein wunderliches Phänomen: Rund ein Viertel aller werdenden Väter zeigen Symptome, die den Schwangerschaftsbeschwerden ihrer Frauen gleichen: Kopfweh, Übelkeit, aufgeblähter Bauch und Gewichtszunahme. Auch dieses Phänomen wird „Couvade“ oder „Schwangerschaftssyndrom“ genannt. Vermutet wird, dass die weiblichen Sexualduftstoffe das Phänomen auslösen, und dass es den Sinn hat, die Männer zu fürsorglichen Vätern zu machen.

Ein Kind ist unterwegs

Geburt und Taufe

Seit der Antike hat sich die Annahme erhalten, die Sternenkonstellation zum Zeitpunkt der Geburt wirke sich auf das Leben des Neugeborenen aus; außerdem nahm man an, dass mit der Geburt eines Menschen für ihn ein Stern aufgehe, der umso heller leuchte, je bedeutender der Mensch sei. Mit dem Tod dieses Menschen erlösche auch sein Stern.

Verbreitet war auch einmal die Annahme, dass die Wetterlage zum Zeitpunkt der Geburt Auswirkungen auf den gerade Geborenen habe: Bei angehenden Bösewichtern verdunkelt sich der Himmel; scheint bei der Geburt eines Kindes die Sonne nicht, wird das Kind hässlich und bekommt Sommersprossen; bei Neumond Geborene können hexen oder werden Vampire; bei Vollmond Geborene werden mondsüchtig; bei Gewitter Geborene stehen in der Gefahr vom Blitz getroffen zu werden.

Auch der Wochentag der Geburt soll sich auf das Kind auswirken:

Sonntagskinder – glückliche Kinder,
Montagskinder – kluge Kinder,
Dienstagskinder – reiche Kinder,
Mittwochskinder – geschwätzige Kinder,

Donnerstagskinder – zornige Kinder,
Freitagskinder – unglückliche Kinder,
Sonnabendskinder – Todeskinder
(die wahrscheinlich früh sterben).

Aber nicht nur der Tag, sondern auch die Stunde der Geburt kann Glück oder Unglück über den noch kleinen Menschen bringen. Um die Mittagszeit geborenen Kindern wird ein kurzes Leben prophezeit. Zwölf Uhr und Mitternacht sind von ungünstiger Vorbedeutung. Alle Kinder, die an einem auf einen Sonntag fallenden Marientag geboren werden, können in das Reich der Geister schauen.

Außer der Zeit sind oft der Ort der Geburt und ihr Verlauf von Bedeutung. Schließt die Mutter während der Geburt ihre Augen, kann das Kind blind werden. Es muss sterben, wenn sich während der Geburt ein Toter im Haus oder im Ort befindet. Ein Kind stirbt auch, wenn man es nach der Geburt mit den Füßen voran zur Tür legt. Vor, während und nach der Geburt darf nichts aus dem Haus verliehen werden, damit sich nicht Hexerei einschleichen kann.

Vor, während und nach der Geburt darf nichts aus dem Haus verliehen werden, damit sich nicht Hexerei einschleichen kann.

Schon die Geburt suchte man in früheren Zeiten durch den Einsatz magischer Mittel zu schützen, insbesondere apotropäische Handlungen spielten eine Rolle. Das Lösen von Bändern an Schürzen, Strümpfen und Schuhen sowie das Aufschließen aller Schlösser darf man als sympathetischen Gebärzauber verstehen. Es gab auch den entgegengesetzten Brauch: ängstliches Verschließen und Versperren, um Hexen und Teufel fernzuhalten.

Wehenamulette bestehen aus Malachit. Der grüne Stein, meist gebändert, stand in Verbindung mit Zeugung und

Geburt. Weil er alle Lebensgeister zur Entfaltung bringen soll, wurde er gerne als Amulett verwendet. Bei der Entbindung wurde Frauen ein Wehenkreuz aus Malachit auf den Bauch gelegt. Man trug den Stein an einer Halskette oder an einem Ring. Bandachat wurde als Amulett bei Frauen in Geburtsnot verwendet oder als Schmuckstück an einer Halskette getragen. Als Klapper- oder Adlerstein wurden steinerne Gebäramulette bezeichnet, die innen hohl waren und in denen ein Steinchen lag. Sie wurden Gebärenden auf den Bauch gelegt. Die Zweitbezeichnung ist auf den angeblichen Fundort, ein Adlernest, zurückzuführen. Ein Drudenmesser ins Wochenbett, die Wiege oder den Türpfosten gesteckt, hatte die gleiche Funktion. Geburtsamulette („Gandenpfennige“) und Geburtsgürtel („Heilige Längen“), die der Schwangeren umgelegt wurden, bezweckten nicht nur die Erleichterung der Geburt, sondern auch das Abhalten böser Einflüsse.

Völlig aus der Mode gekommen sind heute Gebärfläschchen, kleine dickwandige Gefäße, meist nicht mehr als 10 cm groß, in denen sich filigran gefasste Sekundärreliquien eines Heiligen befanden (z. B. vom Sarg des hl. Ignatius von Loyola, vom Sarg des hl. Stanislaus Kostka, Erde von der Stelle, wo der hl. Johannes Nepomuk begraben ist ...). Ein solches Fläschchen gab man der gebärenden Frau in die linke Hand, wenn sie sich ein Mädchen, in die rechte Hand, wenn sie sich einen Jungen wünschte. Nicht zu vergessen sind die „Fraisenhäubchen“, die Neugeborenen aufgesetzt wurden, um sie vor den bereits erwähnten Krämpfen der Epilepsie zu schützen. Fraisenketten hing man an Kinderwiegen, die früher auch gerne einmal an der Kopf- oder Fußseite ein Pentagramm trugen, um die Hexen abzuweisen. Die Gegenseite war manchmal mit den Buchstaben „IHS“ versehen, eine Transkription der ersten beiden und des letzten Buchstabens des griechischen Namens Jesu.

Noch heute findet man den Brauch, die Plazenta zu vergraben und darüber einen Baum zu pflanzen, früher einmal als Lebensbaum gedeutet. Im Münsterland setzte man gerne einen Baum, aus dessen Holz später die Möbel für die Aussteuer gezimmert werden konnten. Ein Krätzstein, z. B. versteinerte Koralle in Gosaukalk, sollte von Kindern Krätze und Ausschlag abhalten.

In manchen Gegenden stellen die Nachbarn nach der Geburt eines Kindes einen hölzernen Storch in den Vorgarten oder auf das Hausdach der jungen Eltern. In seinem Schnabel trägt der „Klapperstorch" ein Baby in einer Windel. Eine daran befestigte blaue Schleife verweist auf einen Jungen, eine rosa Schleife auf ein Mädchen. In anderen Gegenden hängt man vor dem Haus eine Wäscheleine auf, an die alte Babystrampler, Jäckchen, Söckchen, Schnuller usw. befestigt werden. Wie beim aufgestellten Storch wird hiermit die Geburt eines Kindes öffentlich gemacht. Wieder andere stellen vor dem Haus der jungen Eltern ein Bäumchen auf, woran die Nachbarn, Freunde und Verwandte Geschenke für das Neugeborene hängen: Anzieh- und Spielsachen.

Zu einem besonderen Geschenk haben sich „Sammelkisten" oder Sammelalben entwickelt, in denen Fotos und Gegenstände gesammelt werden, die mit dem Leben des Kindes in Verbindung stehen: von der Nabelschnur bis zum Taufkleid. Auf diese Weise kann die Magie der Momente, an die die gesammelten Gegenstände erinnern, jederzeit wieder abgerufen werden. Später, manchmal zum 18. Geburtstag, wird diese Sammlung dem Betroffenen übergeben.

Der erste Urin des Kindes sollte früher an einen Apfelbaum geschüttet werden, damit das Kind so rote Bäckchen bekommt, wie der Apfel sie hat. Wollte man dem Kind beim Zahnen helfen, musste man ihm eine Halskette aus Fuchs-, Wolfs- oder Wildschweinzähnen umlegen. Es gab Zähne, die so geformt waren, dass das Kind sie zum Lutschen wie einen Schnuller in den Mund nehmen konnte.

Wer ein Kind in dessen erstem Lebensjahr in den Stall trug, riskierte, dass es Sommersprossen bekam. Empfohlen wurde auch, dem Kind vor seinem ersten Geburtstag die Fingernägel nicht abzuschneiden, sondern abzubeißen. Tat man es nicht, riskierte man, dass das Kind ein Dieb wurde. Für das Wachstum war es schädlich, Kinder zu messen, durch ein Fenster zu heben oder über sie hinwegzusteigen. Und als ob man schon um die notwendige Entschleunigung der Gesellschaft gewusst hätte: Wer ein Haus mit Kindern betrat, durfte es nicht sofort wieder verlassen, sondern musste sich für einen Augenblick hinsetzen, weil er sonst die Schlafruhe der Kinder aus dem Haus trug.

Der erste Urin des Kindes sollte früher an einen Apfelbaum geschüttet werden, damit das Kind so rote Bäckchen bekommt, wie der Apfel sie hat.

Gelegentlich wird die Geburt eines Kindes durch eine Zeitungsanzeige bekannt gegeben. Selbst diese eher moderne Form hat schon zu Aberglauben geführt. Steht die Geburtsanzeige unter einer Todesanzeige, so soll dem Kind Glück wiederfahren.

Nur in Notfällen wird ein Kind noch im Krankenhaus getauft. Die Taufe wird heute meist wenige Wochen nach der Geburt im Zusammenhang mit einem Gemeindegottesdienst gefeiert, um damit anzuzeigen, dass dieses Kind in die Gemeinde der Christen aufgenommen wird. Die Eltern haben sich zuvor für das Kind einen oder mehrere Vornamen ausgesucht. Katholiken wählen immer einen Heiligen bzw. eine Heilige als Namenspatron aus, sodass im späteren Leben des Kindes neben dem Geburtstag auch der Namenstag eine Rolle spielt. In Richtung Aberglauben bewegen wir uns allerdings, wenn versucht wird, diesen Namenspatron zum Wohle des Getauften in die Pflicht zu nehmen.

Zur Taufe gehören auch die Paten, die einige Zeit vor der Taufe ausgesucht werden. Sie sollen zu dem Kind eine innige Beziehung aufbauen, um – falls den Eltern ein Unglück zustößt – die gute Erziehung des Kindes sicherzustellen. Während der Taufe wird dem Kind ein weißes Kleidchen, das Taufkleid, angelegt. Diese Tradition geht bis ins 4. Jahrhundert zurück, als die – damals erwachsenen – Täuflinge ein weißes Gewand anzogen. Das Taufkleid steht für den Übergang in ein neues Leben. Die Deutung, weiß würde Reinheit und Unschuld verkörpern, ist eine verkürzte Sicht. Weiß war einmal die Farbe der Freude und der Feierlichkeit. Sie steht in der kirchlichen Liturgie in Verbindung zu Christus.

Es gibt Familien, in denen nur ein Taufkleid vorhanden ist, das jeweils zur Taufe des nächsten Kindes weitergereicht wird. Die Eltern lassen den Namen des Kindes sowie Geburts- und Taufdaten immer einsticken, sodass sich das Taufkleid zu einem Sippensymbol entwickelt.

Bereits in der Antike soll es üblich gewesen sein, den Taufgästen beim Abschied ein Stück Brot oder eine Mandel mitzugeben. Die Wegzehrung hatte symbolische Bedeutung. Ob süße oder bittere Mandel, verzuckert oder mit Schokolade umhüllt: Die Mandel macht darauf aufmerksam, dass alle Taufgäste eine Verpflichtung eingegangen sind: Der Täufling hat ihren Schutz so lange verdient, bis er selbst erwachsen geworden ist.

Im Siebten Himmel

Polterabend und Hochzeit

Hoffentlich sind auch Sie, geneigte Leserin und freundlicher Leser, gelegentlich „im siebten Himmel" oder auf der „Wolke Nummer Sieben" anzutreffen! Pures Glücksgefühl, extraordinäre Hochstimmung, vielleicht auch Verliebtheit sind hier zuhause. In der englischsprachigen Welt nennt man diesen Ort *cloud nine,* ist aber für den religiösen Himmel bei der Nummer Sieben – *seventh heaven* – geblieben.

Die Gemeinsamkeit liegt wahrscheinlich darin, dass diese Vorstellung zu einer gemeinsamen Quelle zurückführt, nämlich zu Aristoteles. Dieser kannte den Himmel nur im Plural, die Himmel. Er nahm an, der Himmel bestehe aus sieben Sphären, benannt nach den sieben damals bekannten Planeten: Mond, Merkur, Venus, Sonne, Mars, Jupiter und Saturn. Das siebte himmlische Gewölbe war für ihn der Bereich, der den Kosmos gegen das Nichts abschloss. Andere nahmen an, hinter dem siebten materiellen Bereich gebe es noch eine unsichtbare geistige Welt.

Nicht nur griechische und christliche Philosophen kannten diese Einteilung, sondern auch Juden und Muslime. Der „siebte Himmel" ist den drei abrahamitischen Religionen gemeinsam.

Im Gegensatz zum Mittelalter sind bei uns Ehen nicht mehr Zweckbündnisse zur wirtschaftlichen Absicherung, bei denen sich zwischen den Vertragspartnern mit der Zeit vielleicht auch noch Liebe einstellen kann. Die romantische Liebe, eben die Wolke sieben, ist heute die Voraussetzung der Ehe. Vielleicht ist der Glaube, dass sich dieses Verliebtsein ein Leben lang erhalten muss, der Grund dafür, dass immer mehr Ehen scheitern. Denn heute dauert die Durchschnittslebenszeit ein Mehrfaches einer Lebenszeit im Mittelalter.

Man kann die nachfolgend genannten Bräuche als bloßes Brauchtum betrachten. Aber jeder Brauch ist mit einer Vorstellung verbunden, die durch seine Einhaltung Wirklichkeit werden soll. Aberglaube ist es dann, wenn der Brauchvollzug das Ziel des Brauchs verwirklichen soll.

Eine erste Demonstration des ernsthaften Verliebtseins stellt gegenwärtig das **Liebesschloss** dar, ein Hängeschloss, das an einem Brückengeländer befestigt wird. Auf ihm stehen die Namenskürzel des Paares und das Datum, an dem die beiden beschlossen haben, zu einem Paar zu werden. Das Brückengeländer bietet sich als Anbringungsort an, weil der Schlüssel zum Schloss – zwecks Demonstration der Unabänderlichkeit des Entschlusses – im fließenden Wasser final entsorgt wird. Wahrscheinlich ist dieser Brauch in Italien entstanden. Sein magischer Gedanke: Wenn der Schlüssel fortgeworfen wird, ist dieses Verhältnis unauflöslich.

Aberglaube ist es dann, wenn der Brauchvollzug das Ziel des Brauchs verwirklichen soll.

Wenn Verliebte in Richtung Ehe steuern, fallen weitere Rituale an. Solche Übergangsriten nennt man *rites de passage.* Die sozialen Übergänge werden als potentielle Gefahren betrachtet und deshalb nicht individuell, sondern rituell vollzogen, eine Vorstellung, die vor allem in nicht-industriellen

Gesellschaften beheimatet ist. Seit einigen Jahren hat sich der **Junggesellenabschied** auch in Deutschland eingebürgert. Angeblich stammt die Idee aus dem klassisch-antiken Griechenland. Zu uns kommt er über England und die USA, wo er als *stag party* oder *hen night* für Frauen gefeiert wird. Die zukünftigen Ehepartner feiern getrennt, organisiert und finanziert wird das Spektakel überwiegend durch Freunde.

Einige Wochen vor der Hochzeit wird der zukünftige Ehepartner von seinen Freunden zu seinem „letzten Abend in Freiheit" abgeholt. Es hat sich eingebürgert, dass eigens angefertigte T-Shirts getragen werden. Das Ritual sieht die Lösung bestimmter ausgedachter Aufgaben vor. Oft muss er zunächst aus einem Bauchladen Gegenstände an wildfremde Passanten verkaufen, um Geld fürs Feiern einzunehmen. Viele Aufgaben haben den Sinn, den Bräutigam bloßzustellen, was zunehmend auf Kritik und Vorbehalte stößt. Beliebt ist die Verwendung einer Stretch-Limousine, manchmal sogar der Besuch eines Bordells. Es scheint sich aber die Tendenz zu etwas mehr Seriosität durchzusetzen. Ziel ist es, ein individuelles Event zu kreieren.

Traditioneller ist es, am Abend vor der Hochzeit oder einige Abende zuvor, **Polterabend** zu feiern. Seinen Namen trägt dieses Ereignis, da an diesem Abend Porzellan und Steingut zerbrochen werden, was das Gelingen dieser Ehe garantieren soll. Wahrscheinlich gilt hier wie in etlichen Parallelfällen: Die Glückwünsche der Gäste müssen übertönt werden, damit die bösen und neidischen Geister keine Gelegenheit finden, das Glück des Paares durch von ihnen geschaffenes Unglück zu verhindern. Ein konkreter Ursprung dieses Brauchs ist nicht bekannt.

Wenn möglich, findet das Spektakel vor dem Haus der Braut statt. Die zu bietende Beköstigung ist meist einfach und rustikal. Gerne wird Hühnersuppe gereicht, was vielleicht in

Verbindung steht mit dem Namen *hen night*. Und nicht zu vergessen: Es gibt ausreichend Flüssiges, meist Bier.

Festliche Kleidung ist weder üblich noch sinnvoll, denn der Höhepunkt besteht im Zerscheppern von mitgebrachten Blumentöpfen, Fliesen, Waschbecken und Toilettenschüsseln. Erlaubt sind auch Blechbüchsen, Kronkorken und Konservendeckel zum Krachmachen. Streng verboten ist Glas, weil es das Glück symbolisiert und nicht zerbrochen werden darf, und auch Spiegel sind tabu, weil ein zerbrochener Spiegel sieben Jahre Unglück einbringt. Kein guter Stil ist es, wenn Gäste ihre Baustelle entsorgen und gleich einen gefüllten Container von einem Lastwagen vor dem Elternhaus der Braut abkippen. Das Brautpaar muss gemeinsam den Scherbenhaufen – oft nur symbolisch – aufräumen. Demonstriert wird, dass das Paar willens und in der Lage ist, auch schwere Aufgaben gemeinsam und harmonisch zu lösen.

In einigen Gegenden gehört zum Polterabend, um Mitternacht die Hose des Bräutigams und die Schuhe der Braut auf ein Brett zu nageln, andernorts verbrennt man die Hose des Bräutigams mit dem BH der Braut. Die Asche vergräbt man mit einer Flasche Schnaps, die zum Jahrestag wieder ausgegraben und getrunken wird.

„Hochzeit“ bzw. „hohe Zeit“ war ursprünglich einmal die Bezeichnung aller Feste innerhalb des kirchlichen Festjahres, hat sich aber inzwischen auf die **Eheschließung** reduziert.

Spätestens seit dem 17. Jahrhundert wünschen sich die Vertreter der Kirche, die Brautleute mögen (beide!) jungfräulich ihre Ehe beginnen. Die Kirche war aber so klug, dies nie zur Voraussetzung der Ehe zu machen, denn die Folge wäre sicher ein Minimum an Eheschließungen.

In verschiedenen Gegenden Deutschlands ist es üblich, dass die Nachbarn einige Tage vor der Hochzeit einen **Kranz** aus Tannenzweigen mit selbst hergestellten weißen Papierblumen über der Haustür der Brautleute anbringen (an der Tür des Brautvaters, wenn die Tochter dort noch lebt). Mancherorts ist das **Kranzbinden** mit einem **Kranzbindetag** verbunden.

Bei der Hochzeit kommen noch andere Kränze ins Spiel. Der **Brautkranz** ist ein Kranz aus frischen Blumen, den die Braut aufsetzt, solange sie zum letzten Mal ihre Haare offen trägt (Jungfernkranz). Meist beim Brauttanz wurde der Brautkranz einst gegen eine Haube ausgetauscht. Die noch ungeschnittenen langen Haare der Ledigen verschwanden dann unter der Haube der Verheirateten, wodurch die Redensart entstand: Jemand ist unter die Haube gekommen.

Der Brautkranz ist nicht zu verwechseln mit dem Myrtenkranz oder **Myrtensträußchen.** Während Bräute früher Myrtenkränze trugen, trägt die Braut heute oft ein Myrtensträußchen, oder es ist ein Myrtenzweig in ihren Brautkranz oder ihren Brautstrauß eingeflochten. Die Myrte, auch Brautmyrte, war in Griechenland der Göttin Aphrodite geweiht, der Göttin der Liebe und Schönheit. Myrtenzweige stehen für Lebenskraft, Jungfräulichkeit und eine gesunde Kinderschar, vor allem aber auch für eine über den Tod hinausgehende Liebe. Die Myrte tritt mindestens seit dem 16. Jahrhundert in Deutschland in Verbindung mit der Hochzeit auf. Mancherorts ist es noch üblich, dass die junge Ehefrau einen Myrtenzweig in die Erde steckt, damit er auswurzelt. Die Pflanze wird als Omen für das Glück ihrer Ehe angesehen.

Das weiße Brautkleid für normale Leute ist keine uralte Tradition. Bis in das 19. und 20. Jahrhundert heirateten bürgerliche Frauen in Schwarz bzw. ihrem Festtagskleid.

Während der angehende Ehemann in einem meist schwarzen oder wenigstens feierlichen Outfit vor den Altar tritt, tut es die Braut heute überwiegend in einem Traum aus

Weiß. Das **weiße Brautkleid** für normale Leute ist keine uralte Tradition. Bis in das 19. und 20. Jahrhundert heirateten bürgerliche Frauen in Schwarz bzw. ihrem Festtagskleid. Zwar hatten bereits in der Renaissance adlige Damen in weiß geheiratet, in Mode kam dies aber erst durch Königin Victoria von England (1819–1901), die ihren Albert von Sachsen-Coburg und Gotha 1840 in weiß heiratete.

Einen **Brautstrauß** überreicht der Bräutigam seiner Braut vor oder während der Trauung. Im Strauß steckt ein Myrtenzweig. Der Brautstrauß ist seit der Renaissance üblich und sollte einmal als Duftstrauß das olfaktorische Ereignis namens Hochzeitsfeier mit seiner „dicken Luft" wegen mangelnder Körperhygiene und übertriebenem Einsatz billiger Duftstoffe überlebbar machen.

Feiern die Brautleute ihre Hochzeit in einem Gasthaus, werden sie oft mit Brot und Salz begrüßt. Das tägliche Brot und Salz in der Suppe sind Geschenke des Himmels, und hinter den Symbolen steckt der Wunsch, dass beides den Brautleuten nie ausgehen möge.

Zum Ende der Hochzeitsfeier wirft die Braut ihren Strauß – ohne sich umzuschauen – hinter sich. Dort haben die unverheirateten Damen Stellung bezogen und versuchen den Strauß zu erhaschen. Diejenige, die das schafft, soll als Nächste heiraten dürfen.

Wenn die Brautleute das Standesamt oder die Kirche verlassen, werden sie manchmal mit **Reis** beworfen. Der Reis steht für Fruchtbarkeit, Wohlstand und Kinderreichtum. Angesichts des Hungers in der Welt halten das immer mehr Leute für Lebensmittelvernichtung und deshalb für unangebracht. Auch die jeweiligen Hausherren von Standesamt oder Kirche stehen dem hinterlassenen Reis kritisch gegenüber. Alternativ kommen **Seifenblasen** oder fliegengelassene **Luft-**

ballons in Herzform mit einer anhängenden Karte in Frage. Die Seifenblasen repräsentieren die Wünsche und Hoffnungen der Brautleute, der Luftballon informiert über die Hochzeit und führt zu Glückwunschkarten fremder Menschen.

Als Transportmittel für die Brautleute stand früher die **Hochzeitskutsche** zur Verfügung, die im Laufe der Jahrzehnte ergänzt wurde durch ein **Hochzeitsauto**, eine **Stretch-Limousine** oder gar einen **Autokorso**. Aufmerksamkeit erregt man durch kakophones Hupen und/oder scheppernde Blechdosen, die dem Brautfahrzeug angebunden werden. Natürlich soll der Lärm die missgünstigen bösen Geister vertreiben, damit sie das Glück des Brautpaares nicht beeinträchtigen können. Das Hochzeitsauto muss auffällig sein: Ein schnieker Oldtimer, eine blitzende Limousine oder ein flotter Sportwagen – in jedem Fall muss das Fahrzeug mit Blumen dekoriert werden. Gerne hängt am Auto das Schild „Just married".

Die Fahrt des jungen Ehepaares wird gern durch Kinder und Jugendliche unterbrochen, die mit Hilfe einer Wegsperre **Wegzoll** fordern. Die Brautleute geben den Kindern einige Münzen und schenken an die dabeistehenden Passanten Hochprozentiges aus. Symbolisch macht der Wegzoll darauf aufmerksam, dass die Brautleute neues Land betreten und ihr altes Territorium verlassen, ein weiterer *rite de passage.*

In einigen Teilen Deutschlands werden die Brautleute nach der Trauung aufgefordert, einen auf einem Sägebock liegenden Holzstamm gemeinsam zu zersägen. Beim **Sägen** wird eine Schrotsäge eingesetzt, die verlangt, abwechselnd zu ziehen, damit sich das Sägeblatt nicht verklemmt. Die Symbolik dieses Brauchs verweist darauf, dass die Eheleute fortan Hand in Hand und gleichberechtigt zusammenarbeiten müssen.

Feiern die Brautleute ihre Hochzeit in einem Gasthaus, werden sie oft mit Brot und Salz begrüßt. Das tägliche **Brot und Salz** in der Suppe sind Geschenke des Himmels, und hinter den Symbolen steckt der Wunsch, dass beides den Brautleuten nie ausgehen möge.

Die **Brautentführung** ist meist eine Inszenierung der Freunde des jungen Ehepaares. In der Regel unter Hinterlassen von Hinweisen auf einen bestimmten Ort wird die Braut weggeführt. Die Entführer wählen gerne einen Ort, der einer alkoholischen Entnüchterung diametral entgegengesetzt wirkt. Der Bräutigam oder der Brautvater muss die Braut auslösen, natürlich gegen die Übernahme der Zeche. Dieser Brauch beruft sich auf das *ius primae noctis*, das vermeintliche Recht der ersten Nacht. Die Meinung, der jeweilige Landesherr hätte einst das Recht zur Entjungferung besessen, ist aber bis zum heutigen Tag eine unbewiesene, wenngleich offenbar anregende Fiktion.

Um Mitternacht wird der Braut ihr **Brautschleier** beim Tanz geraubt und in viele Teile zerrissen – denn ab jetzt gilt sie nicht mehr als Jung- sondern als Ehefrau. Die Einzelteile werden an die weiblichen Gäste weitergegeben, denen sie Glück bringen sollen. Anderswo lässt die Braut aus dem Brautschleier ein Taufkleid nähen, das bei ihren Kindern und Kindeskindern zum Einsatz kommt. Die eingestickten Namen und Daten machen dieses Taufkleid zu einem besonderen Familienerbstück. In wieder anderen Gegenden wird der geraubte Brautschleier über das Brautpaar gehalten. Wer nun mit einem der beiden Brautleute tanzen will, kann das gegen eine Gebühr tun, die in den Brautschleier gelegt wird. Der Ertrag gehört zum Schluss den Brautleuten. Der Brautschleier stand einmal für die Jungfräulichkeit der Braut und war zu Zeiten, als die Braut noch in Schwarz heiratete, die einzige weiße Oberbekleidung.

Mit der Hochzeit von Prinz Charles und Diana Spencer hat sich ein englischer Brauch nach Deutschland ausgeweitet: „**Something old, something new**, something borrowed, something blue and a lucky six-pence in your shoe“. Etwas Altes, etwas Neues, etwas Geliehenes, etwas Blaues und einen Glückspfennig im Schuh soll die Braut zur Hochzeit tragen. Etwas Altes, z. B. ein Schmuckstück, steht für ihr bisheriges Leben. Etwas Neues ist das Symbol für die anbrechende Zeit der Ehe. Etwas Geliehenes symbolisiert das glückliche Leben der Freundinnen. Das Blaue steht für die Treue und der Glücks-Cent soll Wohlstand bedeuten.

Die **Brautschuhe** bezahlt die Braut mit ihren gesparten Centstücken, wodurch ihre Sparsamkeit demonstriert werden soll. Während der Hochzeitsfeier werden der Braut die Schuhe entwendet und unter den Gästen symbolisch versteigert. Ihr Gebot legen die Gäste in den Brautschuh. Der Bräutigam ersteigert zum Schluss den Schuh mit allen Geboten. Das Geld behält das Brautpaar, den Schuh gibt der Bräutigam an seine Braut zurück.

Die Brautschuhe bezahlt die Braut mit ihren gesparten Centstücken, wodurch ihre Sparsamkeit demonstriert werden soll.

In einigen Gegenden werden dem Brautpaar **Streiche in der Wohnung** gespielt. Es werden z. B. Wecker versteckt, die zu unterschiedlichen Zeiten klingeln, oder aus allen Lampen werden die Sicherungen herausgedreht usw. Diese Form der Anteilnahme am intimen Leben der neuen Eheleute signalisiert den Beiden, dass die Gedanken vieler mit ihnen sind. Mit Schabernack wird der Ernst des Lebens versüßt.

Modernen Brautleuten bleibt ein im Mittelalter vor allem bei Hochadligen üblicher Hochzeitsbrauch erspart. Nach der Hochzeitsnacht wurde das **Bettlaken** der Frischvermählten öffentlich aufgehängt, um – durch die sichtbaren Blutflecken – zu demonstrieren, dass die Braut ihre Ehe als Jungfrau begonnen hatte.

Am Bitteren Ende

Sterben, Tod und Begräbnis

Wir alle sind sterblich und wir alle fürchten das Unvermeidliche: unsere letzte Stunde. Kein Stachel in unserem Fleisch steckt tiefer und verursacht uns größere Pein. Unbarmherzig ist an mancher Kirchturmuhr zu lesen: „*Una ex his erit tibi ultima*" – Eine von diesen (Stunden) wird dir die letzte sein.

Wohl noch nie in der Geschichte sind Sterben und Tod in der Fiktion, in Literatur, Film und Spiel, so präsent gewesen wie in der Gegenwart. Doch dieser fiktive Tod findet in einer irrealen Welt statt. Kaum einer bringt ihn in seine eigene. In der eigenen Welt wird die *conditio humana* (lat.: Bedingung des Menschseins, der Tod) überwiegend und nahezu flächendeckend verdrängt. Bis zur Volljährigkeit haben Jugendliche im Schnitt mindestens 20.000 Tote in der Fiktion erlebt, in der Wirklichkeit selten einen einzigen.

Bei unseren Ahnen waren Sterben und Tod dagegen allgegenwärtig. Das Leben war durch ein andauerndes *memento mori* geprägt. Ziel des Lebens war die *ars moriendi*, die Kunst richtig zu sterben; Bedingung dafür war die *ars vivendi*, die Kunst so zu leben, dass der Tod den Menschen nicht vom ewigen Heil ausschloss. Das vorherrschende Gottesbild war nicht das des liebenden Vaters, sondern das des richtenden und dabei gerechten Gottes, vor dessen Gericht niemand bestehen konnte. Der Weg ins Paradies öffnete sich nur dem, dem es gelang, Gott Gnade walten zu lassen. Martin Luthers Grundfrage: „Wie bekomme ich einen gnädigen Gott? Wie werde ich vor Gott gerecht?“ erläutert die Problematik treffend.

Sterben und Tod waren noch bis zur Mitte des 20. Jahrhunderts Bestandteile des Lebens. Seit dieser Zeit sind Sterben und Tod zunehmend tabuisiert und aus der Öffentlichkeit ausgegliedert worden. Das „richtige“ Sterben war die Voraussetzung für ein ewiges Leben im Paradies. Unsere Vorfahren unternahmen einiges, um so zu sterben, dass ihnen der Weg ins Paradies offenstand. Dazu gehörte nicht nur die lebenslängliche Erfüllung aller religiösen Pflichten und vor allem der Empfang der Sterbesakramente (Beichte, Kommunionempfang und Krankensalbung), sondern auch das Begräbnis in geweihter Erde, also auf einem kirchlichen Friedhof.

Man suchte Zuflucht bei den Heiligen, die den Übergang von der Immanenz zur Transzendenz ja schon erfolgreich überstanden hatten. Superstars waren Barbara und Christophorus.

Das Leben war geprägt durch Vorsichtsmaßnahmen. Man suchte Zuflucht bei den Heiligen, die den Übergang von der Immanenz zur Transzendenz ja schon erfolgreich überstanden hatten. Superstars waren Barbara und Christophorus.

Letzterer wurde in vielen Kirchen überlebensgroß in Eingangsnähe dargestellt, weil man glaubte, wer ihn sähe, würde an diesem Tag nicht mit Sünden beladen sterben. Vom 13. bis zum 16. Jahrhundert galt der Anblick des heiligen Christophorus als sicherer Lebensschutz, als Schutz vor einem unvorhergesehenen Tod. Barbara stand den Gläubigen durch das Versprechen bei, dass niemand, der sie darum bat, ohne Sakramentenempfang sterben werde.

Die Erwartung des Todes spielte in das ganze Leben hinein. Jede Veränderung im Lebensumfeld konnte ein Hinweis auf den bevorstehenden Tod sein. Wenn sich der Grabstein oder die Gruftplatte über dem Familiengrab gelockert hatte, wenn ein Bild von der Wand fiel oder aus unerklärlichen Gründen die Uhr im Wohnzimmer plötzlich stehen blieb, wenn nachts ein Käuzchen rief („Totenkäuzchen“) oder die Hunde heulten – alles konnte ein Todverkünder sein, der aufzeigte, es werde in nahe Zukunft eine Verwandter oder Bekannter sterben. Todesanzeichen gab es überall: Wenn an einem Freitag ein Grab ausgehoben und noch nicht belegt war, nahm man an, innerhalb von vier Wochen müsse man ein zweites Grab ausheben. Das gleiche vermutete man, wenn es in ein offenes Grab hineinregnete. Diese Todesfurcht regelte den Alltag: Wer während der Raunächte (25.12.–06.01.) einen Waschtag einlegte, wusch dabei ein Totenhemd mit. Wer über die geltende Trauerzeit hinaus Trauerkleidung trug, riskierte den Tod eines Verwandten. Ein viel zu klein geratenes Ei aus dem Hühnerstall galt als ein sicherer Todeshinweis. Querrisse im Brot und das Knarren der Möbel in der Nacht waren weitere Hinweise. Aus dem gleichen Grund hieß der Holzwurm, der sich nachts durch sein schabendes Tun bemerkbar machte, „Totenührle“. Was seit alters Brauch war, musste erhalten werden, wollte man nicht den Tod riskieren. Die Hauswurz, die auf der Mauer wucherte, und der Holunderstrauch auf dem Hof durften nie entfernt werden. Etliche dieser Vorstellungen haben sich bis heute erhalten.

Ein viel zu klein geratenes Ei aus dem Hühnerstall galt als ein sicherer Todeshinweis.

Bis zum dritten Viertel des vergangenen Jahrhunderts war es selbstverständlich, dass ein Geistlicher gerufen wurde, ehe der eigentliche Sterbeprozess begann. Die Sterbesakramente

Beichte, Kommunion und Krankensalbung zu empfangen, war eine Selbstverständlichkeit. Wenn dann der Tod eingetreten war, wurde ein Fenster geöffnet, damit die Seele davonfliegen konnte. Bis um die Mitte des 20. Jahrhunderts wurden zumindest noch auf dem Land die Blumenstöcke verstellt oder mindestens fest gerüttelt, damit sie nicht als Auswirkung des Sterbefalls eingingen. Ehepartner, Tochter oder Sohn schlossen dem Verstorbenen die Augen – ursprünglich einmal, damit er nicht zum „Nachzehrer" werden konnte. Aus dem gleichen Grund wurden die Spiegel umgedreht oder verhängt, die Uhr angehalten. Vom Kirchturm erklang die Totenglocke, die jeder im Ort kannte. Die Mitglieder der Gemeinde sprachen still ein Gebet für den Verstorbenen.

Ehe professionelle Leichenbestatter tätig wurden, halfen die Nachbarn beim Waschen und Einkleiden der Leiche. Mit ihnen gab es genaue Absprachen, wonach z. B. die auf der rechten Seite Wohnenden sich um die Leiche und ihr Begräbnis kümmerten, die auf der anderen Seite um die Hinterbliebenen und ihre Trauergäste. Meist gab es im Dorf eine auf diese Aufgabe spezialisierte Frau, die gegen ein Salär die Nachbarn anführte. Der Tote wurde im besten Zimmer aufgebahrt, in der Regel für 48 Stunden. Alle Arbeit, die irgendwie unterlassen werden konnte, ruhte. Die Kinder gingen bis zur Beisetzung, die meist am dritten Tag erfolgte, nicht zur Schule. Am offenen Sarg wurde Tag und Nacht Totenwache gehalten, ursprünglich sicher nicht, um die Leiche zu schützen, sondern um darüber zu wachen, dass weder der Verstorbene noch Dämonen aktiv werden konnten.

In einigen Gegenden blieb das Bett des Verstorbenen für vier Wochen unbenutzt und in dem Zustand, wie es der Tote verlassen hatte. In anderen Regionen wurde die Bettwäsche sofort gereinigt. Vor zwei oder drei Jahrhunderten gab man die Wäsche dem Toten mit in den Sarg.

Die Angehörigen des Toten legten Trauerkleidung an. Üblich war es, dass sich eine Witwe oder ein Witwer ein Jahr in Schwarz kleidete, Töchter und Söhne wenigstens bis zum Sechswochenamt. Verwandte konnten dunkel gekleidet sein und eine Trauerbinde am Arm tragen. An deren Stelle wurde manchmal auch eine Trauerschleife an das Revers gesteckt.

Als noch längst nicht alle lesen konnten, ging ein „Leichenbitter" umher, um zum Begräbnis einzuladen. Ein kleiner Kreis von Verwandten und Freunden des Toten erhielt zusätzlich eine Einladung zum Leichenschmaus oder „Reuessen" (Raue oder Reue sind abgeleitet vom althochdeutschen Wort *hriuwa, riuwa* = Gram, Kummer, Betrübnis, Schmerz um etwas Verlorenes, namentlich um einen Verstorbenen). Andere Begriffe für diese gemeinsame Mahlzeit sind: Beerdigungskaffee, Flannerts, Leidessen, Traueressen, Leidmahl, Leichenmahl, Raue, Trauerbrot, Tröster, Leichentrunk, Zehrung, Totenmahl oder auch Kremess (Altbayern). In jüngerer Zeit kamen handgeschriebene, später gedruckte, Totenzettel auf.

Am Abend vor der Beisetzung wurde und wird in vielen Gemeinden noch heute der Totenrosenkranz gebetet. Kein Priester, sondern ein Laie betet vor, die anderen antworten. Die Menge der Teilnehmer wurde und wird als Maß der Beliebtheit des Verstorbenen gewertet.

Im Sterbehaus wurde der Leichnam eingesargt. Der Sarg war vielfach ein Statuskennzeichen. Holzart und Beschläge gaben Auskunft über die Vermögensverhältnisse. Die Leiche trug entweder ein Leichenhemd oder den besten Sonntagsanzug beziehungsweise das schönste Kleid. Der Ehering wurde dem Partner übergeben; in die Hände des Toten legte man ein Kreuz oder einen Rosenkranz. Ziel war eine „schöne Leich'".

Wichtig war es, den Toten mit den Füßen zuerst aus dem Haus zu tragen. So sollte sichergestellt werden, dass ihn der Weg nicht mehr als Untoten ins Haus zurückbrachte.

Seit Beginn des 21. Jahrhunderts erlauben die Landesgesetze aller Bundesländer wieder die Anwesenheit des Toten bei seinem Begräbnisgottesdienst in der Kirche. Der Hinweis der Liturgiereform nach dem II. Vatikanischen Konzil, die Beerdigung wieder mehr als Auferstehungsfeier zu sehen, hat dazu geführt, dass die Gottesdienste vielfach nicht mehr unter der liturgischen Farbe Schwarz gefeiert werden, sondern nach der an diesem Tag geltenden liturgischen Farbe oder in Weiß.

Steht die Kirche inmitten des Friedhofs oder liegt dieser in unmittelbarer Nähe, zieht man aus der Kirche mit dem Sarg zum Grab, ansonsten findet man sich auf dem Friedhof meist in der Grabkapelle ein. Nach dem Abschied von dem Toten begibt man sich zum Grab, wo die Beisetzung erfolgt.

Anschließend treffen sich die geladenen Gäste zum Leichenschmaus. Die Redewendung von der Leiche, die versoffen wird, gibt treffend wieder, dass ein solcher Anlass in vergangenen Zeiten auch zu einem Besäufnis ausarten konnte. Sinn ist dies nicht; Verwandte und Freunde, die vielleicht auch über längere Strecken angereist sind, sollen sich aufwärmen und sättigen. Das Gespräch über den Verstorbenen gibt den Beteiligten noch einmal die Möglichkeit, den Zusammenhalt untereinander zu stärken.

> *Es gilt nach wie vor der alte römische Grundsatz: **„De mortuis nil nisi bene“** – Über Tote spricht man nicht, es sei denn, man sagt Gutes.*

Man stört die Ruhe der Toten, wenn man zu oft von ihnen spricht und zu viel an sie denkt. Spricht man dennoch von ihnen, sollte man ein „Gott hab' ihn selig“ an seinen Namen hängen – wahrscheinlich um sicherzustellen, dass der Tote im Totenreich bleibt. Vor allen Dingen darf man nichts Böses von Toten sagen, denn es besteht die Gefahr, dass sie sich rächen. Es gilt nach wie vor der alte römische Grundsatz: „*De mortuis nil nisi bene*" – Über Tote spricht man nicht, es sei denn, man sagt Gutes.

Uralt und weit verbreitet ist das Verbot, zu sehr und zu lange den Toten zu beklagen. Deshalb wurde die Totenklage geregelt. In manchen Gegenden war es üblich, das Weinen um den Toten zu verbieten, so lange er noch nicht unter der Erde lag. Es hieß, es könnte den Verstorbenen betrüben, ihn auf der Erde festhalten oder ins Leben zurückholen.

Das Grab des Toten will gestaltet werden. Meist wird zur Beerdigung ein Holzkreuz mit Namen und Daten des Toten auf Zeit aufgestellt. Ein Stein will erst angefertigt sein. Das Grab wird mit Blumen geschmückt. Traditionell galt die Ringelblume als Grabpflanze.

Unsere Scheu, einen Friedhof bei Nacht zu betreten, hat geschichtliche Ursachen. So wie das Grab als Haus des Toten gilt, so war der Friedhof das Reich der Toten, mit einer Mauer umgrenzt, um das streunende Vieh abzuhalten. Ab Sonnenuntergang, so glaubte man, wollten die Toten ungestört unter sich sein. Der jeweils zuletzt Begrabene hatte die Friedhofsruhe zu verteidigen. Schreckliche Geschichten kursierten, was mit einem geschah, der die Totenruhe störte.

Die Auffassung, dass das Grab das Haus des Toten ist, hat auch dazu geführt, dass man von diesem Grab nichts mit nach Hause nimmt. Ursprünglich stand dahinter die Furcht, der (Un-) Tote könnte kommen, um sich das Seine wieder zurückzuholen. Blumen, die auf einem Grab nicht mehr stehen sollen, wandern deshalb in den Grünabfall und dürfen nicht mit in den Hausgarten genommen, um dort eingepflanzt zu werden.

Bei der Mobilität der heutigen Bevölkerung ist es oft schwer, eine angemessene Grabpflege sicherzustellen. Das ist der Grund, warum die Zahl der Feuerbestattungen steigt, weil man damit eine Form der Bestattung wählen kann, die den Aufwand der Grabpflege minimiert oder völlig entfallen lässt. Bei einer herkömmlichen Ganzkörperbestattung galt das Grab in den Dörfern noch als Indikator für den Zusammenhalt einer Familie: das gepflegte Grab als Beweis eines funktionierenden Miteinanders.

Weil der Tod ein Tabuthema ist und weil Sterben, Tod und Begrabenwerden mit Aberglauben durchdrungen sind, spricht man vom Tod gerne euphemistisch, man umschreibt das, was man meint. Gewählt werden Ausdrücke, die statt der Endgültigkeit des Todes den Übergang in eine bessere Welt betonen: verlassen, hinscheiden, ableben, heimgehen, entschlafen, die letzte Reise antreten. Die Unterstellung unter Gottes Willen wird akzentuiert, wenn davon die Rede ist, jemand sei abberufen worden. Dem tödlichen Ernst des Todes sucht man auch durch salopp-frivole Sprüche zu entkommen: Jemand hat den Löffel abgegeben, er hat ins Gras gebissen, er ist über den Jordan oder über die Wupper gegangen, er sieht sich die Radieschen von unten an oder, ironisch-fromm, er hat das Zeitliche gesegnet. Der Umgang mit dem Tod wurde einst auch dadurch erleichtert, dass man ihn personalisierte. Er wurde zu Freund Hein, Gevatter Tod, Schlafes Bruder, dem Schnitter, Hein Klapperbein oder dem „Boanlkramer" – zu übersetzen als „Knochenhändler".

In den Sternen steht's GESCHRIEBEN

Mein Schicksal,

schon vorher gewusst!

Heute schon orakelt?

Wer möchte nicht die Zukunft kennen, um sich schon heute auf morgen einzustellen? Wir haben moderne wissenschaftliche Methoden erfunden, um dies zu tun, zum Beispiel für das Wetter. Wenn es auch erstaunlich ist, was schon alles wann vorausgesagt werden kann: Eine einhundertprozentige Sicherheit gibt es nicht.

Zu den übersinnlichen Hilfsmitteln für Erkenntnisse, die man auf normalem Weg nicht erhalten kann, zählt das Orakel (von lat. *oraculum* = Götterspruch, Sprechort, von *orare* = sprechen, beten). Der Begriff benennt eine rituell oder mithilfe eines Mediums gewonnene übersinnliche Vorhersage auf Entscheidungs- und Zukunftsfragen. Orakel und Hellseher unterscheiden sich insofern voneinander, dass die transzendente Offenbarung beim Hellsehen der persönlichen Fähigkeit einer realen Person zugeschrieben wird. Das Orakel hingegen befragt immer eine geistige Instanz im Übersinnlichen, etwa die Götter. Gelegentlich ist das Orakel mit einem Ort verknüpft, wie das bekannteste Beispiel, das Orakel von Delphi, belegt.

Magische Eheberatung: Die lange Apfelschale verrät den Namen des Zukünftigen.

Das Orakel war in der Antike die bedeutendste Form der Vorhersage, oft wichtig für Politik und Militär. Vielfach mit Zweifel belegt und oft umstritten, galt es gleichwohl als das klassische Mittel der Vorhersage. Im antiken Griechenland war das Orakel von Delphi nicht das einzige. Die Sibylle von Cumae ist die bekannteste von insgesamt zehn Sibyllen, Priesterinnen, die die Zukunft voraussagten. Sie ist auf dem Deckengemälde der Sixtinischen Kapelle und andernorts dargestellt, weil sie der Tradition nach prophezeit haben soll: „*Et mortis fatum finiet, trium dierum somno suscepto, tunc a mortuis regressus in lucem veniet primum resurrectionis initium ostendens*" – „Des Todes Schicksal wird er beenden, einen Schlaf von drei Tagen nimmt er auf sich, dann wird er von den Toten zurückkehren und an das Licht kommen und so den Beginn der Auferstehung anzeigen."

Der Schamane stellt den Kontakt zwischen dieser Welt und der der Geister her, indem er die Geister in sich hineinfahren lässt oder sich in ihre Welt begibt.

Auch die Ägypter und die Römer bedienten sich der Orakel, wobei letztere gerne himmlische Zeichen wie Blitz, Donner oder Vogelflug nutzten oder ihre Haruspices (= etrusk. Seher) nach etruskischer Tradition aus den Innereien von Opfertieren (= Leberschau) die Zukunft lasen. Auch die Israeliten blickten in die Zukunft: Sie setzten die Urim und Thummim ein, Los- und Orakelsteine des Hohepriesters. China und Tibet haben wieder ganz eigene Orakelformen entwickelt.

Der zurzeit weltweit prosperierende Schamanismus verwendet die Schamanen- oder Zaubertrommel zur Zukunftsschau, dem **Schamanentrommel-Orakel**. Der Schamane stellt den Kontakt zwischen dieser Welt und der der Geister her, indem er die Geister in sich hineinfahren lässt oder sich in ihre Welt begibt. Durch seinen Mund spricht er Dinge aus, die er nicht kennt, in Worten, die andere interpretieren müssen. Wahrsagerei und Krankenheilung sind seine Hauptaufgaben, wobei die Trommel die Aufgabe hat, den Schamanen in Ekstase geraten zu lassen.

Dass sogar das **Kreuz** zu einem Orakel werden kann, lehrt das Sprechende Kreuz (span. *Cruz parlante*), ein Orakel der aufständischen Maya während des Kastenkriegs von 1847 bis 1901. Es befand sich im Mittelpunkt des politischen Zentrums der Maya, Chan Santa Cruz, heute Felipe Carrillo Puerte. Der Maya-Führer Jose María Barrera hatte in einem unbewohnten Waldgebiet ein kleines Kreuz gefunden, das in einen Baum geschnitten war. Durch dieses Kreuz sprach Gott zu ihm und forderte die Fortsetzung des Kampfes der Maya gegen die europäischen Eindringlinge. Das Sprechende Kreuz verschmolz christliche Symbolik mit der alten Maya-Religion, denn das Kreuz fand sich in der Rinde eines Kapokbaums. Dieser den Maya als heilig geltende Baum des Lebens wuchs aus einer Höhle, ein für die Maya heiliger Raum, die sich wiederum in der Nähe eines Ortes befand, der den Regengöttern geweiht war. Mit der Zeit entstanden weitere Sprechende Kreuze in anderen Gegenden und ein dazugehöriger Kult. 1901 wurde der Tempel des Sprechenden Kreuzes durch mexikanische Truppen zerstört und die Maya-Priester zogen sich in die Urwälder zurück. Nachdem die letzten Maya-Kämpfer des Kreuzes (Cruzoob) einen Friedensvertrag unterschrieben hatten, wurde der Kult von der

Der Maya-Führer Jose María Barrera hatte in einem unbewohnten Waldgebiet ein kleines Kreuz gefunden, das in einen Baum geschnitten war. Durch dieses Kreuz sprach Gott zu ihm und forderte die Fortsetzung des Kampfes der Maya gegen die europäischen Eindringlinge.

mexikanischen Regierung geduldet. Bis zum heutigen Tag ist er lebendig.

Um 1500 tauchten in Deutschland im frühen Buchdruck **Wahrsagekarten** auf. Diese Orakel- oder Spielkarten wurden genutzt, um durch Kartenlegen (Kartomantie) in die Zukunft zu schauen. Sie bauen auf den noch älteren Losbüchern auf. Die Tarotkarten haben dabei eine gewisse Vorrangstellung erreicht, werden aber durch immer neue Wahrsagekarten und Kartomantiesysteme ergänzt.

Im Internet kann man online Tarot-Karten legen, um Auskünfte zu einem bestimmten Ereignis oder Hinweise auf ein für einen bestimmten Tag maßgebendes Lebensgefühl zu bekommen. Der oder das Tarot besteht aus 78 Karten, die sich in 22 große Arkana (= Geheimnisse) und 56 kleine Arkana teilen. Anhand der aus dem Stapel gezogenen Karten erkennen Kundige eine Prophezeiung für denjenigen, dem die Karten gelegt werden. Weder das Internet-Angebot an Problemlösungsstrategien noch die Zahl der Nutzer kennt Grenzen. Einzelne Domains registrieren täglich über 5.000 Abrufer und haben bis 14.000.000 Besucher zu verzeichnen.

Im Internet kann man online Tarot-Karten legen, um Auskünfte zu einem bestimmten Ereignis oder Hinweise auf ein für einen bestimmten Tag maßgebendes Lebensgefühl zu bekommen.

Auch Orakel sind bis heute nicht aus der Mode gekommen. Wer im Internet nachsieht, findet in der digitalen Welt ein reichhaltiges Angebot, bei dem das Magisch-Geheimnisvolle der nüchternen Bildschirmkommunikation gewichen ist. Wer es lieber analog mag, sei auf Phil verwiesen, das **Murmeltier** aus Punxsutaweney, das jährlich im Februar am „Groundhog Day" prophezeien muss, ob der Winter bald ein Ende hat – Anlass für den Filmklassiker von 1993 *Und täglich grüßt das Murmeltier.* Das jährliche Spektakel verläuft nach der immer gleichen Regel: Wenn das Tier, aus seinem Bau gezerrt, seinen Schatten sieht und sich erschreckt zurückzieht, müssen die Menschen den Winter noch weitere sechs Wochen aushalten. Wenn Phil seinen Schatten nicht sieht, weil es bewölkt ist, vermutet man den Frühling in der Luft.

Im europäischen Kulturkreis gibt es mindestens seit dem Mittelalter zwei Bereiche, für die Orakel immer wieder herangezogen wurden: die Liebe und das Wetter.

Das Wetter von morgen und übermorgen hätten die Menschen schon immer gerne vorher gekannt. Agrargesellschaften waren und sind wetterabhängig. Und deshalb nutzte man vor der Erfindung der wissenschaftlichen Methoden zur Wettervorhersage das Orakel.

Wer es lieber analog mag, sei auf Phil verwiesen, das Murmeltier aus Punxsutaweney, das jährlich im Februar am „Groundhog Day" prophezeien muss, ob der Winter bald ein Ende hat

Eine alte und doch immer wieder junge Methode der Zukunftsschau ist das **Pflanzenorakel** (Botomantie). Gerne verwendete man das **Christrosen-Orakel**: Am Vorabend des ersten Weihnachtstages pflückte man zwölf Knospen der Christrose ab und legte sie in eine Wasserschale. Jeder Knospe wurde ein Monat zugeordnet. Jede Knospe, die sich über Nacht öffnete, sagte für den jeweiligen Monat gutes, jede geschlossene Knospe schlechtes Wetter voraus.

Wer das Wetterorakel nicht detailliert für jeden Monat braucht, kann sich eine Vierteljahresprognose durch ein **Zwiebel-Orakel** stellen lassen. Man schält ein große Zwiebel, legt je ein Viertel in eine Ecke des Raumes, streut ein wenig Salz darauf und weist jedem Stück ein bestimmtes Jahresviertel zu. Am nächsten Tag kann man sehen, welches Zwiebelviertel feucht oder trocken ist. So wird dann auch das entsprechende Vierteljahr.

Einen ähnlichen Dienst leistet den Bauern in Bayern heutzutage die Königskerze als **Königskerzen-Orakel**. Anhand des Blütenstandes der Blume sagen die Agronomen schon im Sommer wie der Winter wird.

Das **Gersten-Orakel** sagt das Erntewetter des nächsten Jahres voraus. Dazu muss man am alten Thomastag, dem 21. Dezember (der neue liturgische Kalender hat den Gedenktag von Thomas auf den 3. Juli gelegt), Gerstenkörner in einen Topf mit guter Erde sähen. Wenn die Saat nach Weihnachten aufgegangen ist, kann man sehen, wie die Ernte ausfällt: feucht oder trocken, gut gewachsen oder verkümmert.

Ledige Frauen und Männer hatten von jeher ein begründetes Interesse daran, wer ihr Lebenspartner werden würde, und diese Frage war natürlich vielfach auch damit verbunden, ob man hoffen durfte, sozial aufzusteigen oder in seinem Elend bleiben musste. Das **Liebesorakel** nutzte darum gerne die Pflanzen und ihren Erfolg beim Wachsen zur Vorhersage.

Männer nutzen das Apfel-Orakel viel simpler. Sie setzen sich am Weihnachtsmorgen einfach Apfel essend vor die Hoftür. Das erste Mädchen, das die Straße entlangkommt, wird ihre zukünftige Ehepartnerin.

Wer sich fragt, warum Frauen, wenn sie einen Apfel schälen, versuchen, die Schale nicht abreißen zu lassen, landet beim alten **Apfel-Orakel**. Ohne sich umzuschauen muss man die lange Apfelschale über die linke Schulter hinter sich werfen. In der verschlungenen Schale kann man dann den Anfangsbuchstaben des Vornamens des Zukünftigen erkennen. Dieses Apfel-Orakel findet meist an einem Weihnachtstag oder zu Sylvester statt.

Männer nutzen das **Apfel-Orakel** viel simpler. Sie setzen sich am Weihnachtsmorgen einfach Apfel essend vor die Hoftür. Das erste Mädchen, das die Straße entlangkommt, wird ihre zukünftige Ehepartnerin.

Am Barbaratag (4. Dezember) schweigend von Obsthölzern geschnittene Zweige sollen in einer Vase zu Weihnachten aufblühen und die Ankunft des Messias verkünden und verschönern. Allerdings kann man das **Barbarazweig-Orakel** auch in Liebesdingen nutzen. Man muss nur jedem Zweig den Namen eines möglichen Partners zuordnen, z. B. durch angehängte Namenszettel. Der zuerst blühende Zweig tut den Namen des Erwählten kund.

Das **Basilikum-Orakel** nutzt ein Blatt des beliebten Küchenkrauts. Man hält es über eine brennende Kerze. Wenn es nur langsam oder auch gar nicht verbrennt, ist das ein gutes Zeichen für die Liebe. Geht es zischend in der Flamme auf, so ist es um die Liebe und die Treue des angedachten Partners nicht gut bestellt.

Das **Fetthennen-Orakel** wird am Abend des Johannistages (24. Juni) ausgeführt. Vor dem Schlafengehen wird ein Zweig der Fetthenne in einen Blumentopf gepflanzt. Weisen am nächsten Morgen die Blätter aufeinander zu, ist der Partner treu und die Beziehung glücklich. Weisen die Blätter aber weg voneinander, steht es um diese Beziehung schlecht.

Als besonders sichere Methode gilt das **Kohl-Orakel**. Benötigt werden eine Weißkohl- und eine Grünkohlpflanze. Der Weißkohl symbolisiert die Frau, der Grünkohl den Mann. In den Weißkohl schneidet man von den Blättern bis zu den Wurzeln einen Schlitz, durch den man den Grünkohl so durchzieht, dass man beide Pflanzen zusammen einpflanzen kann. Wachsen beide an, wird auch die Liebe anhalten und wachsen. Welkt eine der Pflanzen, steht fest, an wem die Beziehung scheitern wird.

Zum **Kranz-Orakel** gibt es zwei Varianten. In einem Fall werden zwei Kränze hergestellt, der erste aus grünen Zweigen, der zweite aus Stroh. Beide werden in eine große gefüllte Wasserwanne geworfen. Eine junge Frau fischt nun mit verbundenen Augen einen Kranz heraus. Ist es der grüne Kranz, so wird sie bald heiraten.

Beim Margeriten-Orakel werden alle Blütenblätter bis auf eins ausgerupft. Dann dreht Mann den Blütenstängel zwischen den Fingern mit dem Satz: „Spitz, spitz, wo mein Weib sitzt rum." Wohin das Blütenblatt zum Ende des Drehens zeigt, aus dieser Gegend kommt die Ersehnte.

Bei der Variante des Kranz-Orakels wird zu Johannis (24. Juni) ein Kranz aus neunerlei Blumen geflochten, darunter auch die Raute. Den Kranz wirft man rückwärts auf einen Baum. So oft der Kranz nicht im Baum hängenbleibt, so viele Jahre muss man bis zu seiner Hochzeit warten.

Das **Löwenzahn**- oder **Pusteblumen-Orakel** verlangt, die Samen der Blume hinwegzupusten. Jeder Samen, der zurückbleibt, steht für ein Wartejahr bis zur Hochzeit. Diese Aktion hat Mehrwert: Wünscht man sich beim Wegpusten etwas, geht es in Erfüllung, sofern man alle Samen auf die Reise schickt. Wenn der Fruchtboden der Pflanze dunkel gefärbt ist, sollte man auf seine Gesundheit achten. Variante: Ein weißer Fruchtboden weist einem nach dem Tod den Himmel, ein dunkler die Hölle zu.

Beim **Margeriten-Orakel** werden alle Blütenblätter bis auf eins ausgerupft. Dann dreht Mann den Blütenstängel zwischen den Fingern mit dem Satz: „Spitz, spitz, wo mein Weib sitzt rum." Wohin das Blütenblatt zum Ende des Drehens zeigt, aus dieser Gegend kommt die Ersehnte.

Das **Ringelblumen-Orakel** setzt etwas Erde voraus, auf der der Angehimmelte seine Spuren hinterlassen hat. Diese

Erde wird in einen Blumentopf gefüllt, in den dann eine Ringelblume gepflanzt wird. Blüht die Ringelblume auf, darf sich das Mädchen der Liebe des Mannes sicher sein. Verkümmert die Blume, ist die Beziehung unglücklich.

Das **Rupfblumen-Orakel** bedient sich der Blüten von Margeriten oder Gänseblümchen und liefert unterschiedliche Zukunftsaussagen. Beim einfachen Orakel zupft jemand die Blütenblätter nacheinander ab und sagt dabei: „Er/Sie liebt mich, Er/Sie liebt mich nicht". Das letzte Blatt entscheidet.

In Ostpreußen wollte man es genauer wissen. Dort hieß es: „Der Erste tut's um die Dukaten, der zweite um ein schön Gesicht, der Dritte weiß sich nit zu raten, der Vierte, weil Mama so spricht. Der Fünfte fühlt sich so allein, der Sechste will doch auch mal frein, der Siebt und Achte sind so dumm, sie wissen selber nicht warum."

Selbst die berufliche Zukunft soll dieses Rupfblumen-Orakel voraussagen können. Es heißt: „Edelmann, Bettelmann, Bauer, Soldat, König, Kaiser, Advokat ..." Die Bayern mögen es gerne etwas drastischer: „Edelmann, Bettelmann, Bürger, Bauer, Bäuerin, Kellnerin, Jungfrau, Stadtfrau, Drecksau ...". Die möglichen Karrieren der Amerikaner waren wohl auch eher eingeschränkt, wenn es bei ihnen hieß: „Rich man, poor man, beggar man, thief, doctor, lawyer, Indian chief ...". Wo die beruflichen Möglichkeiten der Mädchen sehr begrenzt waren, reduzierte sich das Angebot auf: „Heiraten, ledig bleiben, Klosterfrau ...". Klar, dass man auf die gleiche Weise auch das Geschlecht des ersten Sprösslings vorab klären kann. „Bub', Mädl" lautet die alternative Benennung der einzelnen Blütenblätter. Und auch für die, die

Und auch für die, die das Urteil Gottes am Jüngsten Tag nicht abwarten wollen, gibt es einen Vorausblick, wenn sie beim Blattrupfen abwechselnd sagen: „Himmel, Hölle, Fegefeuer".

das Urteil Gottes am Jüngsten Tag nicht abwarten wollen, gibt es einen Vorausblick, wenn sie beim Blattrupfen abwechselnd sagen: „Himmel, Hölle, Fegefeuer“.

Zum **Vergiss-mein-nicht-Orakel** pflanzt man in der Walpurgisnacht (30. April) auf einen Stein zwei Vergissmeinnicht. Wachsen sie aufeinander zu, wird der Angebetete treu bleiben und vielleicht sogar bald der Ehepartner.

Auch Tiere werden als Orakel herangezogen. Denen schneidet man aber nicht mehr wie in der Antike den Bauch auf, um aus ihrem Eingeweide zu lesen. Heute ist man humaner. Man braucht ein Ereignis, das möglichst viele interessiert und ein Tier, dem keiner etwas zutraut, also zum Beispiel eine Fußballweltmeisterschaft und einen Kraken. Ein solcher Krake wurde am 26. Januar 2008 im Atlantischen Ozean bei Weymouth, Dorset, geboren und lebte bis zu seinem Tod am 26. Oktober 2010 im Sea Life Centre in Oberhausen. Nach dem Gedicht von Boy Lornsen „Der Tintenfisch Paul Oktopus“ erhielt das **Tierorakel** den Vornamen Paul. Paul begann seine Karriere mit der Fußballeuropameisterschaft 2008 und setzte sie fort bei der Weltmeisterschaft 2010. Seine Voraussagen erwiesen sich fast alle als richtig. Und die Methode? Jeweils einige Tage vor einem Spiel wurden zwei gleichartige Acrylglasdeckelboxen in das Aquarium gestellt. Beide Boxen enthielten Wasser und Futter in Miesmuschelform. Zur Betrachter-Seite waren die Nationalflaggen der Länder angebracht, die gegeneinander spielten. Pauls Zugriff auf das Futter wurde als Vorhersage des Siegers gewertet.

Paul begann seine Karriere mit der Fußballeuropameisterschaft 2008 und setzte sie fort bei der Weltmeisterschaft 2010. Seine Voraussagen erwiesen sich fast alle als richtig.

Die Sache gerierte zum Medienhype. Der Krake wurde ein Superstar. Die Wissenschaft beschäftigte sich ebenso wie der Mann auf der Straße mit der Frage: Wie hat der Krake das gemacht? Wer hat hier mit welchem Trick gearbeitet?

Ob echt oder doch eher unecht, die PR-Agentur, die diese Idee entwickelt hatte, erreichte ihr Ziel: Das Sea Life Centre in Oberhausen wurde schlagartig weltweit bekannt. Die Agentur wurde mit dem Internationalen deutschen PR-Preis ausgezeichnet, was der Krake nachweislich nicht vorhergesagt hatte.

Ist uns Alles Schnuppe?

Jedem sein Stern!

Keine Party kommt ohne diesen Mega-Hit aus:

Einen Stern, der deinen Namen trägt
Hoch am Himmelszelt
Den schenk ich Dir heut' Nacht
Einen Stern, der deinen Namen trägt
Alle Zeiten überlebt
Und über unsere Liebe wacht

Nik P. und Ötzi sind mit dieser Annahme nicht allein. Auch dem Schlagerpärchen „Adam und Eve" geht ein Stern auf, „für dich allein, irgendwo am Himmelszelt". Zwei Schlager für viele andere. Die Vorstellung, dass jedem Menschen ein Stern zugeordnet wird, ist uralt. Auch der „Stern von Bethlehem" nimmt dieses Bild auf: Der in der Bibel erwähnte „Stern", in Wirklichkeit eine Sternkonjunktion, verweist auf die Geburt des Messias.

„*A star was born*" heißt es oft in bestimmten Zusammenhängen. Aufgehende Sterne findet man aber nicht nur am natürlichen Firmament: Ein Koch kann aufgehen am Küchenhimmel, dann bekommt er Sterne. Neue Sterne gehen am

Schlagerhimmel auf usw. Ehe man Erfolg hat, steht man noch unter keinem guten Stern. Menschen können so unangepasst sein, dass sie erscheinen, als kämen sie von einem anderen Stern. Wir befragen die Sterne, wir lesen in ihnen, stehen unter einem glücklichen Stern, lassen Sterne vor unseren Augen tanzen, greifen nach ihnen oder stehen einfach bewundernd unter dem Sternenzelt. Zwar kann man sogar versprechen, jemandem die Sterne vom Himmel zu holen, aber Sterne können auch sinken und sogar untergehen, dabei muss niemand sternhagelvoll sein. Und nicht jeder hat immer eine Sternstunde.

Dieses Bild vom Stern in unserer Sprache bildet eine alte Ordnung ab: wie im Himmel, so auf Erden. Das Vaterunser hat diese Formel weltweit aktuell gehalten. Der Mensch ist ein Teil des Kosmos, und der spiegelt irdische Verhältnisse.

Sterne sind uns nicht einfach schnuppe. 40 % der Deutschen glauben, dass man sich beim Anblick einer Sternschnuppe schweigend etwas wünschen darf und dass diese Wünsche in Erfüllung gehen.

Die Annahme, dass die Gestirnkonstellation zum Zeitpunkt der Geburt schicksalhaft für den jeweiligen Menschen sei, reicht von den antiken Astralkulten über die Astrologie bis in die Gegenwart. Die beliebten Horoskope, auf die Zeitungen und Zeitschriften nicht ohne Auflagenverlust verzichten können, suggerieren, man müsste nur sein Schicksal kennen, um gut durch die Gegenwart zu kommen. Angeblich glauben die wenigsten daran, aber die meisten lesen diese Texte, bei denen man die ausschweifende Phantasie der Schreiber bewundern muss.

Sterne sind uns nicht einfach schnuppe. Vierzig Prozent der Deutschen glauben, dass man sich beim Anblick einer Sternschnuppe schweigend etwas wünschen darf und dass diese Wünsche in Erfüllung gehen. Unsere moderne Zeit nimmt das Bild vom Stern, der für einen Menschen steht, auf und verwendet dieses Bild in neuer Form. Nicht mehr Gott lässt für jeden Menschen einen Stern und aufgehen, sondern der liebende Partner nimmt sich irgendeinen Stern, verpasst ihm den Namen seiner oder seines Geliebten. Und wenn auch beide eines Tages sterben, dies ist ein „Geschenk für die Ewigkeit", das „alle Zeiten überlebt" und dann wird es inhaltlich kraus, weil der Stern noch dann über die Liebe der beiden wacht, wenn sie längst gestorben sind: „Und auch noch in 1.000 Jahren wird er deinen Namen tragen und immer noch der schönste von allen sein." Gegenwartsromantik in einer vermeintlich aufgeklärten Welt, die ihre Gefühle realitätsfrei auslebt.

Die Bedeutung der Sterne für den Menschen entspricht altem Analogiedenken: Stern und Mensch entsprechen sich, stehen miteinander in Beziehung. Und weil die Ordnung des Kosmos durch Gott vorgegeben ist, lebt der Mensch gleichfalls in dieser Harmonie, wenn er sich an die göttliche Ordnung hält.

Übrigens gibt es Firmen und Sternwarten, die potenten Kunden anbieten, Sterne nach Wunsch zu benennen. Anerkannt werden diese Namen aber nur von diesen Registratoren und ihren Kunden. Die offiziell für die Benennung zuständige Stelle, die Internationale Astronomische Union, distanziert sich deutlich von solchem Verscherbeln. Die Bedeutung der Sterne für den Menschen entspricht altem Analogiedenken: Stern und Mensch entsprechen sich, stehen miteinander in Beziehung. Und weil die Ordnung des Kosmos durch Gott vorgegeben ist, lebt der Mensch gleichfalls in dieser Harmonie, wenn er sich an die göttliche Ordnung hält. Mögen die Sterne auch keine Götter mehr sein, so sind sie doch göttlich und zuständig.

Der Künstler wird selbst zu einem Stern, wenn es heißt: „*A star is born.*" Sein Stern geht auf und hoffentlich nicht mehr unter. Er greift nach den Sternen. Aber ob jemand unter guten Sternen steht, ihm alles gelingen wird, steht in den Sternen geschrieben. Die Hoffnung ist immer die, dass jemand nicht nur unter irgendeinem, sondern unter einem glücklichen Stern zur Welt gekommen ist. Aber nicht der Stern ist glücklich, sondern der Mensch, der unter diesem besonderen Stern geboren wurde.

Die Ikonographie zum sogenannten Stern von Bethlehem zeigt den Neugeborenen als Teil des Sterns. Die Verknüpfung von Stern und Messias (respektive Mensch) verbildlicht die damals gängige Auffassung, dass es für jeden Geborenen einen eigenen Stern gibt. Wem heutzutage dieser Glaube abgegangen ist, der muss halt selber zu den Sternen greifen.

Warum fast KEINER an Horoskope glaubt
– fast alle sie aber lesen

Eine Einschätzung zur Bedeutung von Horoskopen in unserer Gesellschaft erlaubt allein schon die Menge der Eintragungen bei Google: Es sind verblüffende 39.300.000 (23.03.2015). Dort sind zu finden: Tages-, Wochen-, Monats- und Jahreshoroskope, Liebeshoroskope, Singlehoroskope, aber auch Horoskope, die Voraussagen für Beruf, Finanzen und Partnerschaft machen, Chinesische Horoskope, Party-Horoskope, Wellness-Horoskope, Dessous-Horoskope, Diät-Horoskope, Beauty-Horoskope, Edelstein-Horoskope, Eis-Horoskope – zu speziell kann ein Horoskop offenbar nicht sein.

Wem diese Horoskope nicht reichen und wer lieber ältere Methoden nutzt, dem stehen unter anderem diese zur Verfügung: Glücksrad, Zukunftsrad, Runen-Orakel, Englisches Kreisorakel, Kuss-Horoskop, Handlesen, Hellsehen, Münzen-Werfen, Lebensberatung am Telefon.

Neben „Schutzengelbotschaften“ und Mondkalender bieten sich „Online-Orakel“ an, aber auch ein „Ägyptisches Orakel“. Kaffeesatz-Orakel, Würfel-Orakel, Erdlicht-Orakel, Schlangen-Orakel, Teller-Orakel und Farben-Orakel sind auch im Angebot. Und wer es sucht, findet auch das „Sex-Horoskop“, das seine Leser mit den „erogenen Zonen der

12 Sternzeichen“ bekannt machen will: „In der Astrologie sind den Tierkreiszeichen verschiedene Körperregionen zugeordnet. Die Sterne sagen damit einiges über erotische Wünsche und erogene Zonen aus.“ Engel-Tarots vermitteln „himmlische Kraft“. Wer unsicher ist, wen oder was er eigentlich darstellt, kann sich der Astro-Typologie bedienen, um zu erfahren, „was dein Sternzeichen über dich verrät“. Der Astro-Check dagegen klärt: „Wer passt zu wem?“ Wer es etwas weniger bedeutungsschwer mag, kann sich von den Sternen sagen lassen, welche Frisur zu ihm passt.

Das interessierte Publikum lockt man mit „Wann wartet das Glück auf Sie?“ oder „So schminken sich Jungfrau und Waage“, „Schlank-Tipps für alle Sternzeichen“, „Was die Sternzeichen gerne kochen“ oder „Die Lieblingsblumen der Sternzeichen“.

Von den Kirchenzeitungen einmal abgesehen: Die meisten Tageszeitungen und alle Boulevardblätter spielen mit. BILD, Brigitte, Bunte, Amica, Bravo, VOGUE, Cosmopolitan, Antenne Bayern, Vodafone mit dem Internetportal Arcor, NDR, WAZ, Kölnische Rundschau, Kölner Stadt-Anzeiger, die Münchener Abendzeitung, Radio Arabella, SAT 1, Merkur – sie alle und viele mehr bieten ihren Lesern und Hörern Horoskope – nicht zu sprechen von den Fernsehsendern, die sich auf dieses Gebiet spezialisiert haben und rund um die Uhr entsprechende Astro-Tipps verbreiten. Dass sich die einzelnen Horoskope widersprechen, stört niemanden.

Wohl kaum ein anderer Aberglaube ist in der Gegenwart so präsent wie Horoskope.

Wohl kaum ein anderer Aberglaube ist in der Gegenwart so präsent wie Horoskope. Woran liegt das?

Das Wort „Horoskop“ leitet sich vom spätlateinischen *horoscopium* ab (griech. *horoskopeĩon,* eigentlich = Stundenseher, zu: *hṓra* = Stunde und *skopeĩn* = betrachten). Ein

Horoskop ermittelt die Planetenkonstellation bei der Geburt eines Menschen und leitet daraus sein Schicksal in der nahen Gegenwart ab. Es ist also kein Orakel, keine Prophezeiung oder Weissagung, sondern eine Voraussage oder Prognose auf der Basis der Annahme, eine bestimmte Planetenkonstellation zum Zeitpunkt unserer Geburt beeinflusse unser gesamtes Leben. Der Nutzwert von Horoskopen oder Kosmogrammen besteht darin, dass derjenige, dem das Horoskop gestellt wird, auf das vorbestimmte Schicksal durch „richtiges" Verhalten Einfluss nehmen und die positiven Möglichkeiten ausschöpfen und den negativen ausweichen kann.

Woher stammt diese Theorie? Sie geht zurück auf das hermetische Analogiegesetz. Nach ihm gilt: So wie oben, so auch unten. Wie die Planeten zum Zeitpunkt der Geburt eines Menschen im Himmel standen, so wirken sie sich auf Erden auf den zu diesem Zeitpunkt Geborenen aus: Sein Schicksal, seine Anlagen, sein Charakter und seine Chancen lassen sich von diesem Punkt aus bestimmen. Es ist die Rede von der „Zeitqualität" bei der Geburt eines Menschen, die die „Anfangsenergie" eines Lebens bestimmt. So lange der Mensch lebt, wirkt sich die Planetenkonstellation zum Zeitpunkt seiner Geburt aus. Auf allen Ebenen (körperlich, geistig und seelisch) wird dem Menschen ein „Lebensthema" mit auf den Weg gegeben. Die Möglichkeit des Horoskops besteht demnach in der Selbsterkenntnis.

***Hermetik** nennt man eine aus der Antike stammende religiöse Offenbarungs- und Geheimlehre. Die Bezeichnung geht zurück auf die Sagengestalt des Hermes Trismegistros (griech. „dreifach größter Hermes"), entstanden im ägyptischen Hellenismus als Verschmelzung des griechischen Gottes Hermes und des ägyptischen Gottes Thot. Hermes wird als Verfasser der hermetischen Schriften bezeichnet, aber auch als der Urvater der Alchemie.*

Horoskope entstehen somit nicht als Produkte naturwissenschaftlicher Erkenntnisse, sondern basieren auf dem Gedanken einer Synchronizität, einer Rhythmik des Lebens. Hierbei wird nicht logisch-kausal gedacht, sondern nach Analogien.

Astrologie und Astronomie waren in der Antike untrennbar verbunden, entwickelten sich dann aber auseinander. Der Astronom Johannes Kepler (1571–1630) war noch auf beiden Gebieten tätig. Ab dem 17. Jahrhundert und endgültig in der Aufklärung verlor die Astrologie ihren wissenschaftlichen Status. Trotzdem: Seit den 60er-Jahren des vergangenen Jahrhunderts boomt die Astrologie wieder. Diese Entwicklung haben auch wissenschaftliche Studien nicht aufgehalten, die nachweisen, dass die in Horoskopen getroffenen Voraussagen allenfalls Zufallstreffer erzielen. Eventuelle Übereinstimmungen zwischen dem realen Leben und einem Horoskop kann man durch den „Barnum-Effekt" erklären.

***Barnum-Effekt**, auch Forer-Effekt, Täuschung durch persönliche Validierung (engl.* personal validation fallacy*) nennt man die Neigung von Menschen, vage und allgemeingültige Aussagen über die eigene Person als zutreffend zu bewerten. Die Bezeichnung verwendet den Namen des Zirkusgründers Phineas Taylor Barnum, der ein umfangreiches Kuriositätenkabinett unterhalten hatte, das „jedem Geschmack" etwas bot (*„a little something for everybody"*). Der amerikanische Psychologe Bertram R. Forer hat 1948 im so genannten Forer-Experiment nachgewiesen, dass Menschen dazu tendieren, verallgemeinerte Charakterbeschreibungen für richtig zu halten, obwohl sie auf nahezu jeden anderen auch zutreffen könnten. Die Begründung dafür liegt darin, dass Menschen es gerne annehmen, wenn Prognosen mit ihren eigenen Eigenschaften und Ideen übereinstimmen.*

ALF – Besuch von einem anderen Stern

Von der Sehnsucht nach außerirdischen Existenzen

Ab Januar 1988 war er im ZDF zu sehen. Seitdem werden die 102 Episoden von europäischen Fernsehsendern wiederholt. Star der Reihe ist der bepelzte Gordon Alf Shumway, nach eigenen Angaben 95 cm lang, kurz ALF genannt, geflüchtet vom Planten Melmac, bevor dieser durch eine Atomexplosion zu Staub zerfiel. Mit seinem Raumschiff machte er eine Bruchlandung in der Garage der amerikanischen Familie Tanner, die ihn seither vor der Öffentlichkeit versteckt hält. Das hindert den anarchischen ALF nicht, sich in viele Familienangelegenheiten einzumischen oder per Telefon Berühmtheiten anzurufen oder sich in Talkshows einzuschalten. Der Typ ist vor nichts bange, sodass seine Bemerkungen und seine Phantasie das Salz in der Suppe dieser Fernsehserie sind. Die Alien Life Form (= ALF) wird zum Ende der Serie von der Alien Task Force des amerikanischen Militärs eingefangen und steht damit unter Militäraufsicht.

Im April 2015 horchten die Ufologen auf. Die US-Raumfahrtbehörde NASA gab bekannt, sie wolle bis spätestens in 20 Jahren außerirdisches Leben nachweisen. Aber alle hochgepeitschte Erwartung konnte sofort wieder abkühlen: Beim außerirdischen Leben geht es der NASA nicht um kleine grüne Männchen, sondern um Mikroben. Spuren von früherem Leben glaubt die NASA auf dem Mars entdeckt zu haben.

Außerirdische unter uns, das ist nicht nur ein Thema der Literatur, von vielen Hörspielen und Filmen, sondern auch von pseudowissenschaftlichen Abhandlungen und selbsternannten Forschern. Der bekannteste dieser Vertreter ist Erich (Anton Paul) von Däniken, geradezu die verkörperte Annahme der Existenz von Außerirdischen. Seine Bücher wurden in 32 Sprachen übersetzt und erreichten eine Auflage von mehr als 63 Millionen Exemplaren.

Däniken hält sich nicht für einen Ufologen (von U.F.O. = Unidentifiziertes Flugobjekt). Er glaubt daran, dass der Ursprung des Lebens im All liegt und Außerirdische die Entwicklung der Menschheit auf dieser Erde wesentlich beeinflusst haben. Er bezeichnet sich deshalb als Vertreter der „Prä-Astronautik" und sucht auf allen Kontinenten Ereignisse und Gebilde, die seine These belegen. Für ihn sind die Pyramiden in Ägypten und die steinernen Monumente auf der Osterinsel oder in Stonehenge Belege für seine Thesen. Das erste Kapitel des Buchs Ezechiel im Alten Testament liest von Däniken als Beschreibung der Landung eines außerirdischen Raumschiffs.

Außerirdische unter uns, das ist nicht nur ein Thema der Literatur, von vielen Hörspielen und Filmen, sondern auch von pseudowissenschaftlichen Abhandlungen und selbsternannten Forschern.

Klar, dass es andere gibt, die mit Außerirdischen fast täglich Kaffee trinken, also mit ihnen in ständigem Kontakt zu stehen behaupten. Unausrottbar ist die These, die Amerikaner verfügten über geheime Labors, in denen sie eingefangene Aliens untersuchen und dazu die Technik Fliegender

Untertassen, der UFOs, unter die Lupe nehmen. Ufologen werden die genannt, die sich mit der Erforschung dieser Materie befassen. Und mit konstanter Regelmäßigkeit, so wie Grippewellen durch das Land schwappen, tauchen Berichte über angebliche UFO-Sichtungen auf. Mythen und Legenden entstehen: Es kursieren Beschreibungen von Entführungen durch Wesen vom anderen Stern, Verletzungen an Tierkadavern werden als Viehverstümmlungen durch Außerirdische etikettiert. Die weltweit bekannten Kornkreise in Feldern sollen gleichfalls mit UFOs in Verbindung stehen. Und so wie aus der untergegangenen DDR die Mär existiert, weil Engel nicht hätten Engel heißen dürfen, sei der Begriff „Jahresendflügelfigur" entstanden, tauchte eines Tages im UFO-Milieu der Mythos der „Reichsflugscheiben" auf. Dahinter steckt das Gerücht, die Nazis hätten untertassenförmige Flug- und Raumfahrzeuge gebaut und getestet.

Dänikens These von der Einwirkung Außerirdischer auf unsere Zivilisation und Kultur hat es schon bis in neureligiöse Sektenbewegungen geschafft. Einige dieser Gruppen wollen wirklich im Kontakt mit Aliens stehen, von denen sie regelmäßig Botschaften empfangen.

Dänikens These von der Einwirkung Außerirdischer auf unsere Zivilisation und Kultur hat es schon bis in neureligiöse Sektenbewegungen geschafft. Einige dieser Gruppen wollen wirklich im Kontakt mit Aliens stehen, von denen sie regelmäßig Botschaften empfangen.

„Wesen von einem anderen Stern" suggerieren, dass wir im unvorstellbar großen Kosmos nicht allein sind. Der Kitzel, sich vorzustellen, was das für Lebewesen sein mögen, wie sie aussehen und denken, bewegt viele Menschen, für die dieses Themenfeld hohen Sensationswert hat. Persiflagen wie die Fernsehserie ALF oder die Filmkomödie mit Louis de Funès

Louis und seine außerirdischen Kohlköpfe aus dem Jahr 1981 können diesen Aberglauben ebenso wenig relativieren wie die durchgängige Annahme, diese Aliens würden über eine erheblich höhere Intelligenz und weiterentwickelte Technik verfügen, als sie uns zur Verfügung steht. Wer von all dem völlig überzeugt ist, bei dem ist Hopfen und Malz verloren.

Doppelt genäht
HÄLT BESSER

Schluckbilder und Schabefiguren

Verinnerlichung einmal anders

Ein Klassenarbeit zu schreiben ist für die meisten Schüler eine Herausforderung, zumal dann, wenn der Stoff nicht sitzt. Zu meiner Schulzeit war da ein Pfuschzettel hilfreich, den man aber trickreich anwenden musste, um nicht aufzufallen. Ein Mitschüler hat das nicht beachtet und wurde erwischt. Als der Lehrer auf in zuschoss, knuddelte der Schüler schnell den Zettel zusammen und schluckte ihn hinunter. Weg war das Corpus Delicti – genützt hat es ihm nichts. Unter seiner Arbeit prangte später das gefürchtete grimmige „Ungenügend". Wir haben so etwas damals noch in jugendfreien Filmen gelernt. In der *Feuerzangenbowle* hatte uns das Heinz Rühmann als Schüler Pfeiffer alias Dr. Johannes Pfeiffer vorgemacht.

Aber Esspapier gibt es tatsächlich. Es führt so überzeugende Namen wie „Knabbi Knabber" oder „mampfi". Man kann es sogar in der Form von Geldscheinen kaufen. Wenn man schon kein Geld sch... kann, kann man es wenigstens essen. Allerdings, und das ist der Wermutstropfen: Es ist nicht wirklich Papier, sondern eine Oblate, die bekanntlich aus

Schluckbilder als unschlagbare Hilfe bei einer Klassenarbeit.
Leider nur ein anachronistischer Traum.

Mehl, Wasser und Stärke hergestellt wird. Durch Farb- und Aromazusätze wird das vermeintliche Esspapier kindertauglich. So was ist nicht jedermann Sache.

Beschriebenes oder bedrucktes Papier zum Essen hat es auch früher schon einmal gegeben, natürlich nicht von irgendeiner Lebensmittelbehörde genehmigt, weil es die noch nicht gab. „Wohl bekomm's", mag da einer denken, der zum ersten Mal einen mit Schluckbildchen bedruckten Papierbogen vor sich liegen sieht – als wären es Briefmarken, nur eben mit Gnadenbildern bestückt. Doch während man Briefmarken an ihrer Perforation abtrennt, musste man Schluckbilder einzeln ausschneiden. Im 18. bis zum 20. Jahrhundert wurden diese Esszettel, despektierlich auch schon einmal „Fresszettel" genannt, in der religiösen Volksmedizin benutzt. Sie waren Teil der Geistlichen Hausapotheke. Ihnen wurden übernatürliche Heilkräfte nachgesagt.

Esszettel waren mit magischen Worten und Zeichen, Heiligennamen, Bibeltexten oder Gebeten beschriebene oder bedruckte Zettel, deren Text zu Sigillen umgeformt war. Sigillen sind grafische Symbole, die vornehmlich aus ligierten Buchstaben bestehen. Ligatur nennt man einen Buchstabenverbund, die Verschmelzung von zwei oder mehreren Buchstaben zu einer Glyphe, der grafischen Darstellung eines Schriftzeichens. Es ging auch einfacher, etwa indem man einen Fieberkranken einen Zettel mit der Aufschrift schlucken ließ: „Fieber bleib aus / N.N. ist nicht zu Haus". Bei den Protestanten arbeitete man mit ähnlichen Methoden. Der Kranke aß seine Krankheit einfach auf – symbolisch –, wenn man seinen Namen, sein Geburtsdatum und eine magische Formel auf einen Zettel schrieb und diesen in Brot oder Obst steckte und dem Kranken zu essen gab.

Was für Menschen gut war, genügte auch dem Vieh. Bei Tollwut gab man ihm Zettel mit der Satorformel ins Futter.

Diese sinnfreie lateinische Wortfolge (SATOR AREPO TENET OPERA ROTAS) ist ein Palindrom: Sie ergibt also von vorn und von hinten gelesen denselben Text und galt daher als Zauberspruch. Zettel, die man bei Milzbrand gab, hießen Brandzettel. Es gab auch dreieckige Zettel, auf denen ein Wort oder ein Satz in der ersten Zeile stand. In jeder nachfolgenden Zeile fehlte dann ein Buchstabe. Diese Form drückte den Wunsch nach dem Zurückgehen der Krankheit aus.

Schluckbildchen sind erst nach dem Mittelalter nachgewiesen. Sie wurden bogenweise auf leichtem Papier gedruckt. Es gab Bögen mit nur einem Motiv und welche mit einem neuen Motiv in jeder Zeile. Meist waren es Kupferstiche, die das Gnadenbild eines bestimmten Wallfahrtsortes zeigten. Diese grafische Darstellung inszeniert den örtlichen Heiligen als zentralen Punkt eines magischen Kraftfeldes. Er erscheint oft von Strahlen umkränzt oder auf Wolken schwebend, was den spirituellen Charakter der Darstellung akzentuiert, die übrigens die kleinste Form des Andachtsbildes darstellt.

> *Die Schluckbildchen und Esszettel wurden als „papierne Pillen“ in Wasser eingeweicht und Speisen zugesetzt, die die Kranken zu sich nahmen.*

Die Schluckbildchen und Esszettel wurden als „papierne Pillen“ in Wasser eingeweicht und unter die Speisen der Kranken gemischt. Diese Einverleibung erinnert stark an das Empfangen der Eucharistie; eine Verbindung, die sich aber nicht belegen lässt. Die körperliche Inbesitznahme eines so vervielfältigten Gnadenbildes, das vielleicht zusätzlich an eine Wallfahrt erinnerte, ließ sich noch steigern, wenn diese Zettel einmal das tatsächliche Gnadenbild berührt hatten.

Als Ersatz dienten notfalls Heiligenbildchen, die man in Stücke riss, oder das Bild eines Tagesheiligen, das man dem Kalender an der Wand entnahm.

Erwerben konnte man Esszettel und Schluckbildchen in Wallfahrtsorten, in Klöstern, in Rom oder bei fliegenden Händlern. Noch 1913 verschrieb der sächsische Wunderdoktor mit dem Namen „der Reinsdorfer Bergmann" Esszettel. Selbst 2005 wurde noch berichtet, dass in einem namentlich nicht genannten bayerischen Kloster Schluckbildchen an der Pforte abgegeben würden.

Den Esszetteln vergleichbar sind die bis ins späte 18. Jahrhundert von den Minoriten in Graz ausgegebenen Oblaten unter dem Namen „Fieberhostien". Oblaten wurden schon um die Wende zum 15. Jahrhundert zu Heilzwecken genutzt wie die *Pluemen der Tugent* des Tiroler Hans Vintler belegen: *„Vil di wellen auf oblat schreiben / und das Fieber damit vertreiben"*. Auch Wasser, mit dem man Reliquien oder Heiligenfiguren abgewaschen hatte, wurde als Heilmittel verabreicht. Noch im 20. Jahrhundert wurden von hölzernen Heiligenstatuen Späne abgehobelt, mit Wasser aufgekocht und als Sud getrunken.

Ein weiteres und besonders schönes Beispiel sind die weit verbreiteten Schabmadonnen, Schabfiguren oder Reibmadonnen, die bis ins 20. Jahrhundert verbreitet waren. Sie bestanden aus Material, das von Heiligenstatuen abgeschabt war, aus Staub, der von diesen Figuren abgewischt wurde, aus Erde des Ortes, wo die Heiligenstatue stand usw. Schabfiguren ist der Sammelbegriff, von Schab- oder Reibmadonnen wird gesprochen, wenn es sich bei den kleinen Figürchen um Mariendarstellungen handelt.

Die in Wallfahrtsorten käuflichen Figürchen waren Mini-Kopien des jeweiligen Gnadenbildes. Die besondere Wirkung, die man Gnadenbildern in Form einer Schwarzen Madonna nachsagte, galt auch für die zugehörigen (schwarzen) Schabfiguren. Berühmt waren die Schabfiguren der Schwarzen Madonna von Altötting und die von Einsiedeln. Die Schabmadonnen von Einsiedeln enthielten außer Ton angeblich Erde, Mörtel und Reliquienpartikel.

Ganz anders wurde der Staub vom Grab des heiligen Martin von Tours bewertet. Gregor von Tours schwärmt: „O du unbeschreibliche Mixtur! unaussprechliche Spezerei, Gegengift über alles Lob erhoben! Himmlisches Abführmittel, wenn ich mich des Ausdrucks bedienen darf, das alle ärztlichen Rezepte in den Schatten stellt, jedes Aroma an süßem Duft übertrifft und stärker ist als alle Essenzen, das den Unterleib reinigt wie Skamoniensaft, die Lunge wie Ysop und den Kopf wie Bertramwurz, aber nicht allein die siechen Glieder wiederherstellt, sondern was viel mehr wert ist, die Flecken vom Gewissen reinigt."

Außerdem gab es Schabfiguren einer etwas anderen Art. Sie entstanden in Klöstern, wo mehr oder minder fromme Brüder Brotteig so lange kauten, bis er sich gut formen ließ. Daraus stellten sie Mini-Heiligenfiguren her, die dann getrocknet und an interessierte Christen verkauft wurden. Beim Auftreten von Krankheitszeichen konnte man ein wenig von der Figur abschaben und als „geistliches Medikament" zu sich nehmen. Allerdings durfte man dabei, wie ein Rheinländer sagen würde, „vor nix fies" sein: Hygiene wog weniger als Frömmigkeit.

Die vatikanische Kongregation für die Glaubenslehre verkündete am 3. August 1903, dass, „sofern Aberglaube oder die Gefahr des Aberglaubens ausgeschlossen sei", der Gebrauch von Esszetteln nicht unerlaubt sei. Die vatikanisch geschraubte Formulierung legte nahe, dass sich die Absender selbst nicht ganz im Klaren darüber waren, ob der Einsatz dieser „papiernen Pillen" aus geballter Frömmigkeit oder finsterem Aberglauben erfolgte. Heute ist es eh egal, es ist sozusagen „gegessen".

Himmlische „Arzneimittel“

gegen irdische Leiden

Der „himmlische Apotheker“ und seine geistliche Hausapotheke

Bei allen guten Wünschen für die Zukunft liegt die Betonung meist auf: „vor allem Gesundheit“. Nichts von dem, was wir uns wünschen, hat offenbar einen solch hohen Wert. Keiner will sterben, aber wenn es denn schon sein muss, dann doch gesund! Krankheit und Leiden gehören zu den ältesten Erfahrungen der Menschheit. Heilung, Linderung von Leid und Wiederherstellung der Gesundheit sind deshalb seit jeher wichtigste Aufgaben.

Als sich in der ersten Hälfte des 16. Jahrhunderts in der Kunst das Bild des *Apothecarius coelestis* ausbildete, also die Darstellung Jesu Christi als himmlischer Apotheker, der Arzneien zusammenstellt und zumisst, dann handelte es sich bei dieser Medizin laut Beschriftung der abgebildeten Dosen und Büchsen um Glaube, Hoffnung, Liebe, Geduld und Frieden. Entsprechend existierte damals fromme Literatur mit Titeln wie „Seelenapotheke“ oder „Seelenarznei“.

Solange irdische Pharmazie wirkte, waren himmlische Heilmittel weniger interessant. Versagte aber diese Heilkunst, hing alle Hoffnung einzig am *remedium coeleste*, dem himmlischen Heilmittel. Das waren aber keine seelentröstenden Frömmigkeitsübungen, sondern handfeste Pharmazeutika – oder das, was man dafür hielt.

Die himmlische Apotheke existierte nicht nur als reales Apothekerschränkchen, sondern ebenso als Bezeichnung für verschiedene Materialien, die neben bestimmten Pflanzen, Medaillen und Heiligenbildchen zu den überirdischen Heilmitteln gerechnet wurden.

Schon früh treten **Öle** auf, die aus den Gräbern besonderer Heiliger träufeln und quasi als göttliche Allheilmittel von den Christen begeistert aufgenommen wurden. Eines der ältesten dieser Öle ist das **Oleum Sancti Nicolai** auch genannt Myron-Wunder oder Nikolaus-Manna oder Manna di S. Nicolai. Schon in Myra soll diese Substanz im Sarkophag des Heiligen entstanden sein. Als die Reliquien des Nikolaus 1087 nach Bari in Süditalien gebracht wurden, stellte sich das Wunder auch hier ein, und es dauert bis in die Gegenwart fort – wie übrigens auch der Verkauf dieser Substanz. Sieben bis acht Liter fallen jährlich an, die – stark verdünnt – abgefüllt in kleinen Fläschchen in die Hände der Gläubigen gelangen.

Schon früh treten Öle auf, die aus den Gräbern besonderer Heiliger träufeln und quasi als göttliche Allheilmittel von den Christen begeistert aufgenommen wurden.

Ein anderes „wundertätiges Öl“ ist das bereits erwähnte **Walburga-Öl,** das unter dem Sarkophag der 779 verstorbenen Walburga in Eichstätt tropft und – ebenfalls erheblich verdünnt – erworben werden kann. Alter Tradition zufolge quillt das Wasser aus dem Brustbein der Heiligen. Nach Aussage der vor Ort reichlich vorhandenen Votivtafeln hat es vielen Menschen sogar bei tödlicher Krankheit die Gesundheit wiedergeschenkt. Chemische Analysen haben das Walburga-Öl bislang als reines Gesteinswasser beschrieben. Aber besteht vielleicht ein Teil des Wunders darin, dass es sich mit wissenschaftlichen Methoden nicht fassen lässt?

Zur Grundausstattung „geistlicher Medizin“ gehören immer Gebetszettel, die der frommen Betrachtung dienen. Das können Gnadenbilder der Walfahrtsorte sein oder Darstellungen populärer Heilige, die als Patrone angerufen werden können. In diese Rubrik gehören auch Zettel mit ganz unterschiedlichen Gebeten.

Unverzichtbar waren einst **Breverln** (lat. *brevis* = kurz), handgeschriebene oder bedruckte Zettel: Andachtsbildchen, Sätze aus den Evangelien, Palmkätzchen, Medaillen, kurze Gebete und Wallfahrtsandenken. Im Zentrum des Breverls fanden sich oft Pflanzenteile vom „Segenbaum“ (auch: Stink-Wacholder, Gift-Wacholder, Sefistrauch oder Sebenstrauch. Es ist der in allen Teilen giftige Sadebaum aus der Familie der Wacholder, der eigentlich ein Strauch ist). Andere pflanzliche Zutaten stammten von Bärlapp und Farnen. Rotgefärbte Stoffstücke schützten vor Hexen und Hexerei. Das gesamte Breverl bewahrte den Träger vor Dämonen, Albträumen und Flüchen. Alle Bestandteile wurden in einen – zumeist roten – Stoffbeutel aus Samt, Seide oder anderen Textilien gepackt und mit Bändern am Körper befestigt. Die Funktion der Breverln – Unheil abwehren und Segen herbeiholen – erinnert an die „Medizinbeutel“ der Indianer oder anderer exotischen Völker.

Als verdecktes Symbol der Gebärmutter war die Kröte im Einsatz, die gegen alle Unterleibsbeschwerden von Frauen als Wachsabbild dargebracht werden konnte, ähnlich wie man bis heute in der Kirche eine Kerze aufstellt.

Zu diesem Spektrum gehören auch Votivgaben aus Holz, Wachs, Eisen oder sogar aus Silber, die bei einigen Krankheiten als Opfergaben zum Einsatz kamen. Votivherzen, Körperteile oder Tiere wurden daraus hergestellt. Als verdecktes Symbol der Gebärmutter war die Kröte im Einsatz, die gegen alle Unterleibsbeschwerden von Frauen als Wachsabbild dargebracht werden konnte, ähnlich wie man bis heute in der Kirche eine Kerze aufstellt. Kröten verdeutlichten aber auch die Bitte um Abhilfe bei Unfruchtbarkeit und den Wunsch nach einer Schwangerschaft.

In der esoterischen Szene und sogar über das Internet kann man bis heute **Vipernschnüre** oder **Otter-Schnürlein** (lat. *cordoni viperini*) erwerben. Sie waren einst europaweit verbreitet und heiß begehrt, hergestellt in Venedig als Nebenprodukt des dortigen Theriakhandels (s. u.). Es waren etwa 50 cm lange Schnüre, die in Schlangenblut getaucht und dann getrocknet wurden. Dieser Blutzwirn sollte durch Auflegen magische Wirkung erzeugen. Angesagt war er gegen Angina, die bakterielle Infektion „Rotlauf" und Rheumatismus. Noch in der ersten Hälfte des 19. Jahrhunderts berichtete ein pharmazeutisches Fachbuch von diesbezüglich guten Geschäften in Venedig.

Seit dem Mittelalter wurde **Theriak** als Universalheilmittel gegen nahezu jede Krankheit angeboten. Als Antidot (lat. *antidotum* = Gegenmittel, Gegengift) im klassischen Griechenland als Kräutermixtur entstanden, hatte es sich bis zum 19. Jahrhundert zu einem aus bis zu 300 Inhaltsstoffen angewachsenen Präparat im Range einer Panazee, eines magischen Allheilmittels, entwickelt (von griech. Panakeia, einer Tochter des Asklepios, des Gottes der Heilkunst). Für normale Menschen war es unbezahlbar. Bauern nutzten deshalb Knoblauch als Universalmittel, was zu der Bezeichnung „Bauerntheriak" führte. Heute wird Theriak – ohne den früher üblichen Zusatz von Opium – in der esoterischen Szene im Internet angeboten (http://heilen-mit-schwedenkraeutern.de/buch/theriak-venezian.htm, 27.03.2015).

Orvietan nannte sich ein anderes Antidot, das vom 16. bis zum 19. Jahrhundert in Mode war. Es sollte gegen jede

Art der Vergiftung helfen, sogar präventiv konnte man es nehmen. Empfohlen wurde es bei Pilzvergiftungen, Schlangen- und Skorpionbissen, Bissen tollwütiger Tiere, aber auch gegen die Pest, weil angenommen wurde, die Erkrankung bilde im Körper Gift. Und natürlich wird ein Präparat unter diesem Namen und in Bezug auf das Produkt aus dem 17. Jahrhundert auch heute noch angeboten: (http://www.lorvietan.com/en/about-us/, 27.03.2015).

Als besonders heilkräftig galten flache, ovale Steine mit natürlicher Lochbildung. Diese **Lochsteine** waren als „Truden- und Hexensteine" begehrte Amulette. Sie sollten die „Trud" (= nächtliche Alben, Nachtmahre) und alles Böse abwenden. Steine dieser Art sind durch Erosion entstanden oder es waren steinzeitliche Werkzeuge. Weil beide Steinarten ausgesprochen selten sind, war ihr Wert entsprechend hoch. Über dem Bett aufgehängt, vermittelten die Lochsteine eine ruhige Nacht und einen erholsamen Schlaf. Augenleidende ließ man zur Therapie durch eins der Löcher blicken.

Das **Druden-** oder **Hexenmesser** mit eingestanzten Ziffern und Symbolzeichen, meist zu Neunt aufgereiht, richtete sich gleichfalls gegen die Trud. Es wurde in das Holz des Bettes gestoßen oder kreuzweise unter das Kopfkissen eines Kindes gelegt. Und weil Metall als dämonenfeindlich galt, konnte man mit dem Messer – aber auch mit Sensen, Sicheln und metallen Harken – Hexen verletzen und verjagen. Drudenmesser wurden bei heranziehendem Gewitter in die Luft geschleudert, um die „Wolkenschieberinnen" zum Abdrehen zu zwingen. Die auf den Messern eingestanzten oder eingravierten neun Kreuze und neun Monde führten in Südtirol zu dem Spruch: „Neun Kreuz und neun Mun (= Monde) halten alle Teufel un."

Ein **Skapulier** (lat. *scapularium* = Schulterkleid) ist bei Ordensleuten ein fußlanger Überwurf über die Tunika.

Es wird den Sakramentalen zugerechnet. Es symbolisiert das „Joch Christi". Kleine Skapuliere bestehen aus Stoffvierecken, die durch zwei Schnüre so miteinander verbunden sind, dass jeweils ein Stoffstück auf der Brust und eines auf dem Rücken getragen wird. Meist sind sie nicht größer als 8 x 10 cm. Das Skapulier des Karmeliterordens ist heute das bekannteste. Seine Popularität verdankt es einer Verheißung der Gottesmutter, nach der niemand das Feuer der Hölle erleidet, der mit diesem Skapulier bekleidet stirbt. Ein Karmelit des 13. Jahrhunderts, Simon Stock, soll diese Verheißung, die von der Katholischen Kirche anerkannt wurde, von der Jungfrau Maria erhalten haben. Das Karmelskapulier muss nach der kirchlichen Regel von einem Geistlichen aufgelegt werden. Früher musste man zusätzlich einer Bruderschaft, einer Skapulierbruderschaft angehören. Dies ist heute nicht mehr verpflichtend, auch wenn es diese Bruderschaften noch gibt.

Natürlich gehört in eine himmlische Apotheke auch ein **Rosenkranz**, bis vor ein oder zwei Generationen die populärste „Allzweckwaffe" katholischer Frömmigkeit. Während die Nonnen und Mönche ihre Psalmen auf Latein beteten, konnten die weniger gebildeten Laienschwestern und Laienbrüder ihre Gebete auf Deutsch verrichten – die einen 150 lateinische Psalmen, die anderen 150-mal „Gegrüßet seist Du Maria".

Zur Grundausstattung gehörten immer **Gnadenbilder** unterschiedlicher Wallfahrtsstätten, sei es gedruckt auf Papier oder Stoff oder dreidimensional aus Holz, Stein oder Metall.

Wenn so mancher moderne „Aufgeklärte" über diesen „frommen Mumpitz" lästert, vergisst er, welchen Trost diese „Heilmittel" Menschen boten, die keine andere Hilfe fanden. Und ob ein modernes tibetanisches Amulett-Armband heute wirkungsvoller und sinnvoller ist als ein Skapulier, muss sich erst noch erweisen.

Heilige Helfer

Aberglaube als Arbeitgeber für Heilige

Die abergläubische Deutung von bestimmten Begriffen im Volksglauben ist nicht immer so simpel wie bei Donatus, der gegen Donner hilft, weil es ja schon so in seinem Namen steht! Einige Anwendungen setzen ein tiefergehendes Wissen, ja fremdsprachliche Kenntnisse voraus. Das Grundprinzip aber lautet: Im Namen einer Sache liegt eine verborgene Kraft und Gleichklang von zwei Wörtern stellt eine magische Verbindung, eine Einheit her. Entsprechend hilft der heilige Augustin auch bei Augenkrankheiten – wo das doch schon der Name sagt!

Abdon und Sennen sind – nach legendären Märtyrerakten – zwei persische Märtyrer, hingerichtet um 250 n. Chr. in Rom. Ihr Festtag war vor der Liturgiereform des Zweiten Vatikanischen Konzils der 30. Juli. Am Abdontag sollte man Gras schneiden, Farn ausreißen, Schilf aus den Teichen holen, Dornen aus den Feldern reißen, Schwamm am Haus beseitigen, Ungeziefer vertilgen, Kugeln gießen. Wer sich am Abdontag die Hühneraugen schnitt, durfte sicher sein, sie würden nie wiederkommen. Wieso das? Abdon klingt wie „abtun“, weshalb die Menschen im Bergischen den Abdontag gleich „Abtu“-Tag nannten.

Der **Andreastag** wurde zum Orakeltag der Heiratsfreudigen. Der letzte Tag des Novembers, der gleichzeitig als der letzte Tag im kirchlichen Festkalender verstanden wurde, entwickelte sich daher zu einem Aussichtspunkt auf die kommende Zeit. Die Heiratsorakel am Andreastag sind also eindeutig Jahresendbräuche. Aber es ist dabei nicht zu übersehen, dass Andreas aus dem griechischen ἀνήρ gebildet wird, und das heißt Mann oder Ehemann. Andreas verhieß also Erkenntnisse über den zukünftigen Gatten.

Wer sich am Abdontag die Hühneraugen schnitt, durfte sicher sein, sie würden nie wiederkommen. Wieso das? Abdon klingt wie „abtun", weshalb die Menschen im Bergischen den Abdontag gleich „Abtu"-Tag nannten.

In keiner älteren und in kaum einer modernen Kirche fehlt ein Bild oder eine Plastik des heiligen **Antonius von Padua**. Davor steht ein Gestell, auf dem Kerzen aufgesteckt werden können. Antonius ist der Patron der Schusseligen, der Vergesslichen, der Schlamper. Wer seinen Schlüssel verloren, die Brille verlegt hat oder seine Handschuhe nicht mehr findet: Antonius ist immer die letzte Rettung: Eine Kerze ist fällig und eine stilles, aber flehentliches Gebet. Altvordere schwören, danach ist es noch immer wieder „jut jejangen", wie man in Köln sagt – der Heilige hat also geholfen. Ein Ende dieser Heiligenkarriere ist nicht abzusehen.

Augustinus (28. August) ist einer der Kirchenväter und als Theologe nicht nur für das Mittelalter prägend. So einer wurde natürlich nicht wirklich volkstümlich. Aber schlichte Gemüter lasen aus seinem Namen die Zuständigkeit für Augen heraus. Augustinus wurde deshalb von einigen als Patron gegen Augenkrankheiten angerufen. Sieht man es so, dass er in der Theologie wirklich den Durchblick hatte, wird ein Schuh daraus!

Bonifatius (14. Mai) bildet mit **Pankratius** (12. Mai) und **Servatius** (13. Mai) im Bauernkalender die volkstümliche Gruppe der Eisheiligen. Ihre Gedenktage – und im Süden Deutschlands zusätzlich der Gedenktag der Sophia (15. Mai) – sind mit den gefürchteten Spätfrösten verbunden. Der Volksmund memoriert die Termine: „Pankrazi, Servazi und Bonifazi sind drei frostige Bazi. Und zum Schluss fehlt nie die Kalte Sophie". Mit dem Aberglauben haben die drei Männer deshalb etwas zu tun, weil sich die Menschen darin sicher waren, dass die drei Eisheiligen, auch gestrenge oder hohe Herren genannt, körperlich die längsten gewesen sind. Deshalb säte man den Flachs an ihren Gedenktagen, damit er recht groß wurde. Es liegt also ein Analogiezauber vor.

Donatus (30. Juni) kam 1652 als anonymer Katakombenheiliger nach Bad Münstereifel und erhielt dort seinen Namen, der „der Geschenkte" bedeutet. Er wurde aus zwei Gründen Unwetterpatron: zum einen der naiv-frommen Ableitung seines Namens wegen (Donner!), zum anderen weil er einem Pater, der vom Blitz getroffen worden war, geholfen haben soll. Die Donatusglocke im Kirchturm vertrieb nun die Unwetter, und dort, wo man diese Glocke nicht hören konnte, klingelte man mit gesegneten Donatusglöckchen und -schellen.

Die Donatusglocke im Kirchturm vertrieb nun die Unwetter, und dort, wo man diese Glocke nicht hören konnte, klingelte man mit gesegneten Donatusglöckchen und -schellen.

Expedit, eigentlich Expeditus, (19. April) ist ein legendärer Märtyrer des frühen 4. Jahrhunderts aus Armenien, dessen Gedenktag 1906 im Martyrologium gestrichen wurde. Er wird dargestellt als Soldat, der ein Kreuz mit der Aufschrift „Hodie" (= Heute) in der Hand hält und mit den Füßen eine Krähe, Symbol des Unglaubens oder Verkörperung des

Teufels, zertritt, die „Cras“ (= Morgen) krächzt. Nach einem Bekehrungserlebnis wollte Expedit Christ werden; der Teufel in Gestalt einer Krähe suchte ihn zum Aufschieben der Taufe zu bewegen. Expedit aber handelte entschlossen noch am gleichen Tag. Er gilt als Patron für alle Angelegenheiten, die schnelle Hilfe benötigen. Verehrt wurde er in Süddeutschland, Österreich und Frankreich. Eine merkwürdige Karriere absolvierte er auf der Pazifikinsel Réunion. Im 17. Jahrhundert bekamen Nonnen in der Nähe der Stadt St. Paul eine Kiste mit Reliquien aus Rom gesandt. Sie trug die italienische Aufschrift „Espedito“ (= Aussendung). Die Nonnen missverstanden dieses Wort als Namen des Heiligen und benannten den nach einheimischer Voodoo-Tradition blutrot angestrichenen Schrein nahe ihrem Kloster nach ihm. Aus diesem einen Schrein sind inzwischen rund 350 Schreine hervorgegangen, dem Volksglauben nach hilfreich gegen die Schrecken der Nacht. Auf Réunion gilt Expedit den Hindus als Inkarnation ihres Gottes Vishnu und muslimische Inder verehren die Expedit-Schreine wie die Sufi-Schreine ihrer Heimat.

Am Gallustag darf man kein Schwein schlachten, weil sonst der Speck gallig wird. Man darf auch keine Schafe austreiben, damit sie nicht die Gallsucht (= Gelbsucht) bekommen.

Gallus (lat. für „Kelte“; 16. Oktober), um 640 gestorbener Wandermönch und Missionar, gilt als Gründer des Klosters St. Gallen. Weil *gallus* im Lateinischen „Hahn“ bedeutet, wird er mit einem Hahn dargestellt und ist Schutzpatron der Hühner. Am Gallustag darf man kein Schwein schlachten, weil sonst der Speck gallig wird, und keine Schafe austreiben, damit sie keine Gallsucht (= Gelbsucht) bekommen.

Koloman (17. Juli) soll ein irischer Königssohn gewesen sein, der 1012 auf einer Pilgerreise ins Heilige Land bei Stockerau in Österreich das Martyrium erlitt. Er ist Schutzheiliger der zum Tod durch den Strang Verurteilten, der Reisenden und des Viehs. Er soll auch gegen Krankheiten, Kopf- und Fußleiden, Pest, Unwetter, Feuersgefahr, Ratten- und Mäuseplagen helfen. Diese zweibeinige heilige Allzweckwaffe hat aber eines anderen Grundes wegen eine abergläubische Dimension. Er kommt auch als Patron der heiratslustigen Mädchen ins Spiel, die ihn nämlich in seiner Kirche bei Erding anriefen: „Heiliger Koloman, schenk' mir an braven Mann."

Lambertus (17. September), Bischof zu Tongern und Maastricht, wurde 708 ermordet. Sein Name war der Auslöser dafür, dass er bei Lahmheit angerufen wird.

Dem heiligen **Leonhard** von Limoges (6. November) aus dem 6. Jahrhundert wurde nachgesagt, er könne Bande lösen und Gefangene befreien, weshalb er auch mit einer Kette dargestellt wurde. Offensichtlich geht das auf den französischen Begriff *lien* (= Bande, Fessel) zurück, da Leonhards französischer Name Liénard lautet.

Am Gedenktag des **Markus** (25. April) ausgesäte Erbsen, werden „markig" – ein treffliches Beispiel für eine naive Auslegung des Namens.

Am 15. September wird der Gedenktag der heiligen **Oranna** gefeiert, die im 6. Jahrhundert gelebt hat. Ihr Name ist der Auslöser ihrer Verehrung als Schutzheilige gegen Ohrenleiden und Schwindelanfälle.

Petersilie muss an **St. Peter** (29. Juni) gesät werden. Was hier nur wegen der Parallelität des Namens zu passen scheint, hat dennoch einen Erfahrungshintergrund: Petersilie kann man im Frühjahr aussäen, muss dann aber noch mit Frösten und langsamerem Keimen rechnen, was wiederum den Pilzbefall begünstigt. Wird hingegen erst Ende Juni/Anfang Juli gesät, kann man bei guter Wetterlage schon im August die ersten Blätter ernten.

Am Tag der heiligen **Rosa** (früher: 18. September) soll man nicht säen, weil es sonst nur „Rösli", d. h. kleinwüchsige Ähren, gibt. Hilfe gewährt die hl. Rosa bei der Gesichtsrose, der Gürtelrose im Gesicht.

Der Name des hl. **Rupert** von Salzburg (27. März) lässt sich lautmalerisch heute kaum noch mit den Raupen verbinden, ein Blick auf das mittelhochdeutsche *rupe* klärt diese Frage jedoch. Am Rupertstag soll man die Obstbäume schütteln, damit sie keine Raupen bekommen.

Dem heiligen **Sebastian** (20. Januar) verhilft wieder der Gleichklang seines Namens mit dem Bast zu der Ehre, dass man ihn beim Bastlösen anruft. Vielleicht waren auch die Namenskurzformen Bastl (Bayern), und Bästeli (Schweiz) hilfreich.

Am Rupertstag soll man die Obstbäume schütteln, damit sie keine Raupen bekommen.

Der heilige **Suitbert** (1. März) aus dem 8. Jahrhundert wurde früher auch Switbert geschrieben. Weil das so ähnlich klang, wurde er Schutzpatron gegen den Schwindel.

Der heilige **Valentin** von Terni (14. Februar) wurde interpretiert als „Fall nit hin". Wer so heißt, hilft gegen Fallsucht, die Epilepsie.

Warum der heilige **Vinzenz** (22. Januar), ein Märtyrer zu Beginn des 4. Jahrhunderts, Verlorenes finden hilft, bleibt Schleierhaft.

Der heilige **Wolfgang** von Regensburg war im 10. Jahrhundert erst Missionar und dann Bischof von Regensburg. Sein Name machte ihn zum „Wolfspatron".

Hintenweg

Was noch zu sagen wäre

Eine Indianergeschichte eines unbekannten Autors erzählt von einem älteren Indianer und seinem Enkelsohn. Der Alte war ein Weiser. Er liebte den Frieden und suchte ihn, wo immer möglich. Der Enkel aber hatte heißes Blut. Er fühlte den Kämpfer in sich, aber hegte auch große Achtung für den Großvater. „Warum ist der ehrwürdige Vater meines Vaters so gelassen angesichts des Unrechts, das unserem Volk jeden Tag geschieht?", fragte der junge Indianer. Der Großvater blieb stumm.

Tage später saßen beide allein am Lagerfeuer. Nach langer Zeit des Schweigens begann der Alte mit sanfter Stimme: „In meinem Inneren kämpfen zwei Wölfe." Der Junge blickte ihn neugierig an. „Der eine ist der Wolf der Dunkelheit, der Angst, des Neides, des Misstrauens und der Verzweiflung." Stille. Dann fuhr er fort: „Der andere Wolf ist jener des Lichts, der Liebe, der Lebensfreude und des Vertrauens." „Und wer von beiden gewinnt?", wollte der Enkel wissen. Der Alte sah ihn an und lächelte: „Der, den ich füttere!"

Vielleicht ist es unpassend, den einen Wolf mit der Religion und den anderen mit dem Aberglauben gleichzusetzen. Vielleicht versteht man den Gedanken eher, wenn man die eine Geisteshaltung als gelebte Demut unter der Annahme eines Gottes übersetzt und den Aberglauben als die andere Haltung, die sich Gott oder das Schicksal oder den Zufall mithilfe der Magie gefügig machen will. Wir Menschen haben beide

Wege in uns, wir können so und anders. Und der alte Indianer hat recht: Es gewinnt, was ich unterstütze. Mein Weg ist der, den ich gehe, weil ich mich dazu nach reiflicher Überlegung entschlossen habe, oder es ist der, auf den ich mich habe drängen lassen, weil ich mich nicht entscheiden konnte oder wollte. Unsere Entscheidungsfreiheit hat ihren Preis: Ich muss entscheiden – und wenn ich es nicht tue, wird für mich entschieden.

Wenn Ihnen dieses kleine Buch nicht alle Fragen beantwortet, sondern noch neue dazu gebracht hat, hat es sein Ziel erreicht. Es hat Sie nachdenklich und neugierig gemacht. Und wenn Sie dabei bemerkt haben, dass der Abergläubische/Abergläubige und sein Aberglauben keine Feinde sind, sondern uns deshalb so nahegehen, weil auch wir selbst in magisches Denken verstrickt sind, dann lernen Sie eine noch andere Seite der *conditio humana* kennen: Sie besagt nämlich nicht nur, dass wir sterblich sind, sondern auch, dass wir selbst denken müssen, weil wir denken können.

Der Autor

© Beatrice Tomasetti

Prof. Dr. theol. Manfred Becker-Huberti ist katholischer Theologe, Experte für Religiöse Volkskunde und Honorar-Professor an der Philosophisch-Theologischen Hochschule Vallendar. Bis 2011 war er zugleich Lehrbeauftragter an der Katholischen Hochschule NRW, Abt. Köln. Von 1991 bis 2006 arbeitete er als Pressesprecher des Erzbistums Köln.